学校教育・
実践ライブラリ
Vol. 12

次代を見据えた
学校教育の論点

JN055299

連載

創る―create

40	田村学の新課程往来［最終回］ 言葉と体験	田村　学
42	続・校長室のカリキュラム・マネジメント［最終回］ 感じる学校経営	末松裕基
44	ここがポイント！　学校現場の人材育成［最終回］ 学校における人材育成のポイント	高野敬三
66	講座　単元を創る［最終回］ 単元づくりの「勘どころ」を磨く	齊藤一弥
68	連続講座・新しい評価がわかる12章［最終回］ アプリシエイションという新しい評価	佐藤　真
70	学びを起こす授業研究［最終回］ 学校教育を核とした「ふるさと創生」	村川雅弘
80	進行中！　子どもと創る新課程［最終回］ 学んだことを多様な表現方法でまとめ、発表する子ども ――第2学年　生活科「発見! 荒町だけの宝物」の実践	鈴木美佐緒

つながる―connect

46	子どもの心に響く　校長講話［最終回］ 辛いという字がある。もう少しで幸せになれそうな字である	手島宏樹
74	カウンセリング感覚で高める教師力［最終回］ 「先生」の喜び	有村久春
77	ユーモア詩でつづる学級歳時記［最終回］ 「弟ってすごい?」	増田修治
78	UD思考で支援の扉を開く　私の支援者手帳から［最終回］ 支援者を呪縛する煩悩からの解放	小栗正幸
82	学び手を育てる対話力［最終回］ 「対話力」が未来をつくる（2）	石井順治

知る―knowledge

36	本の森・知恵の泉［最終回］ 教育改革の本丸はどこにあるのか ――『教育激変―2020年、大学入試と学習指導要領大改革のゆくえ』	飯田　稔
38	リーダーから始めよう！　元気な職場をつくるためのメンタルケア入門［最終回］ 連載総括「ストレス対処法の基本は3つのR」	奥田弘美

カラーページ

1	Hands　手から始まる物語［最終回］ 尼崎市、35歳、パティシエ	関　健作
4	スポーツの力 ［season2］［最終回］ トップランナーが拓くマラソン界の未来	髙須　力

特集

次代を見据えた学校教育の論点

●論考—theme

14　これからの学校づくりに求められる校長の構想力
　　——希望と志を育む学校 ———————————————————————————— 大脇康弘

16　SDGsは教育を変えるか ———————————————————————————————— 渡辺敦司

20　「令和時代のスタンダードとしての1人1台端末環境」のもたらすパラダイムシフト
　　——— 堀田龍也

24　学習する学校の創造 ———————————————————————————————————— 新井郁男

28　改正・給特法と学校の働き方改革 ——————————————————————————— 小川正人

特別企画

英語・道徳の総チェック〜全面実施の備えは万全か〜

50　外国語活動・外国語　備えておくべきこと・解決すべき課題と解決方法・具体的方策
　　——— 菅　正隆

54　道徳教育　道徳性を育てるための道徳教育における指導と評価の一体化 ———— 毛内嘉威

エッセイ

8　離島に恋して！［最終回］ ———————————————————————————— 鯨本あつこ
　　姫島で育まれる不思議な社会

34　リレーエッセイ・Hooray!　わたしのGOODニュース
　　先入観を覆す授業 ——————————————————————————————— ［雅楽師］東儀秀樹

96　校長エッセイ・私の一品
　　窓から望む夫神岳 ——————————————————— ［長野県青木村立青木小学校長］小林秀樹

　　あの『にれ』の木のように ——————————————— ［札幌市立常盤中学校長］木村佳子

ワンテーマ・フォーラム —— 現場で考えるこれからの教育

2019年度　私のGood & More

59　学び合う学びは教師の学び合いから ————————————————————————— 片岡和也

60　学び合いを深めるチャンスの一年に ————————————————————————— 安座間百恵

61　生徒同士のつながりを軸にした授業改善 ———————————————————————— 一ノ瀬皓司

62　一人ひとりに学ぶ喜びが生まれるグループの学びを ————————————————— 豊田恵子

63　教師のMore、子どものMoreは、未来に向かうMore ——————————————— 石井順治

10　教育Insight ——— 渡辺敦司
　　OECD調査を受けて文科省が幼児教育・保育の国際シンポ

姫島で育まれる不思議な社会

姫島［大分県］

　大分県には7つの有人島があります。そのうち最も人口が多い姫島は、知れば知るほど、変わった島だなぁと感じる不思議な島です。

　場所は瀬戸内海の西端、九州の右上にぽこりと飛び出した国東半島のてっぺんあたりで、1日12往復している村営船で約20分。自治体は1島1村の姫島村で、約2000人が暮らしています。

　このコラムでは度々お伝えしていますが、全国の島には400島400通りの個性があるので、2つと同じ個性の島はありません。どの島にも大なり小なり、特徴的な風土が存在しているわけですが、時々「ず

ば抜けて特徴的な何か」がある島に出くわします。

　姫島は日本で初めて国立公園に指定された瀬戸内海国立公園の中にあり、日本ジオパークに認定される特異な自然環境があります。島内には古くから言い伝えられる「七不思議伝説」があり、子供から大人までが伝統的な踊りを継承する無形文化遺産の「姫島盆踊り」も有名です。ただ、「自然が豊か」「文化が個性的」な点は、その中身は異なるものの、多くの島にも存在しているので、それだけならずば抜けた感じはありません。では、何が変わっているのか。それは、一島一村の姫島村で独自に築かれてきた社会です。

いさもと・あつこ　1982年生まれ。大分県日田市出身。NPO法人離島経済新聞社の有人離島専門メディア『離島経済新聞』、季刊紙『季刊リトケイ』統括編集長。地方誌編集者、経済誌の広告ディレクター、イラストレーター等を経て2010年に離島経済新聞社を設立。地域づくりや編集デザインの領域で事業プロデュース、人材育成、広報ディレクション、講演、執筆等に携わる。2012年ロハスデザイン大賞ヒト部門受賞。美ら島沖縄大使。2児の母。

NPO法人離島経済新聞社
統括編集長
鯨本あつこ

何年か前に取材で訪れた姫島で、テーブルに置かれたコーヒー缶に目が留まりました。缶には「10円」と書かれたシールが貼ってあり、よく見ると姫島で見かける缶という缶、すべてに同じシールが貼られていたのです。聞けば、「空き缶デポジット」のシールで、このシールのついた空き缶を島内の小売店に持っていくと、どこでも10円で引き取ってくれるとのこと。そういえば、私が小学生のころにもそんな仕組みがあったことを思いましたが、とっくの昔になくなった仕組みが、姫島で30年以上続いていることに驚きました。

姫島では、1960年代後半から公務員の給料を下げ、できるだけたくさんの人を雇用するというワークシェアリング制度が導入され、その仕組みも今日まで続いています。姫島に渡る村営船で働く人も皆、姫島村の公務員。人口約2000人のうち約200人が公務員なのです。

30年選手級の取組が続く姫島では、最近、新たな動きも目立ってきました。姫島出身者が立ち上げたエコツーリズム推進協議会の取組は「低炭素杯2019」でグランプリを獲得するほどに急成長。島にはたくさんの電気自動車が走り、のんびり走る電動ゴルフカートで行う高齢者の外出支援をはじめ、最新テクノロジーを活用した地域づくりも多く見られます。

では、第一次産業はどうでしょう。かつて島の主幹産業は漁業でした。しかし、海の環境変化も手伝い衰退傾向に。そこで姫島村では塩田跡を車えびの養殖場とし、車えびを販売。冬場の2日間しか漁を行わないひじきを「幻の2日ひじき」という名で希少価値をつけて販売し、島のおばちゃんが育てる玉ねぎで新商品を開発する若手も現れるなど、パワフルな島民が活躍しています。

さらに島唯一の姫島小・中学校は、ユネスコスクールに認定され、ESD教育に力が入れられ……と、人口わずかな島で育まれている特異な社会づくりには、枚挙にいとまがありません。2020年は新型コロナウイルスの影響から波乱の幕開けとなりました。絶えず変化する世界の中で柔軟に生きていくにはどうしたらいいのか？　小さな島の取組には、さまざまなヒントが隠れています。

写真左●姫島村では小型電気自動車をレンタルしてドライブも楽しめます
写真中央●柔らかな新芽だけを収穫してつくる「幻の2日ひじき」は驚くほど美味
写真右●姫島で30年以上続く「空き缶デポジット」のシール

OECD調査を受けて文科省が
幼児教育・保育の国際シンポ

教育ジャーナリスト
渡辺敦司

国立教育政策研究所（国研、中川健朗所長）は2月20日、教育改革国際シンポジウム「幼児教育・保育の国際比較－OECD国際幼児教育・保育従事者調査2018の結果から－」を開催し、研究者や幼稚園・保育所関係者など約300人が参加した。

幼児教育・保育（ECEC＝Early Childhood Education and Care）をめぐっては、経済協力開発機構（OECD）が17年に各国の幼児教育政策に関する情報交換の場としてECECネットワークを設置。小中学校の国際教員指導環境調査（TALIS）に続くものとして国際幼児教育・保育従事者調査（ECEC版TALIS）を実施し（参加9か国）、19年10月に結果を発表した（日本版報告書は2月、明石書店刊）。

今回のシンポでは調査結果を基に、調査参加国である韓国やノルウェーの事例も交え、ECEC政策の在り方を探った。

●どの国も社会情緒的発達を重視

開会あいさつで中川所長は、18年度から新しい幼稚園教育要領などが全面実施になり、19年10月から幼児教育・保育の無償化もスタートするなど環境が大きく変化したことを受けて、調査結果に基づいたEBPM（エビデンス・ベースト・ポリシー・メーキング＝証拠に基づく政策立案）に寄与する国研への期待も高まっていると強調。質の高いECECを目指すよう呼び掛けた。

続いて第1部として、2人が基調講演を行った。1人目は、小原ベルファリゆりOECD教育・スキル局幼児期・学校課長の「世界の幼児教育・保育政策の潮流と本調査の視点」。調査について説明する中で、子供たちの学習や発育、ウェルビーイング（健やかさ・幸福度）を支援するための枠組みには①言語やリテラシー（読み書き）、数的発達を促す実践②社会情緒的発達を促す実践③グループ（集団）の形成と個に応じた支援を促す実践④保護者の関与を促す実践──と、多様なアプローチが必要であることを説明。どの参加国も①より②の実践が一般的だと指摘し、社会情緒的発達支援が重要であることを強調した。日本の結果に関しては、子供や保護者からの評価に比べて社会からの評価が低いことを問題視した。

2人目の基調講演は、秋田喜代美・東京大学大学院教授の「国際比較から考える日本の幼児教育・保育の現状と課題」。日本社会が直面している課題として▽少子化▽高年齢出産▽保育者不足──を挙げ、幼児教育・保育は質と平等の両面で挑戦しているのが現状だとした。

一方、日本の幼児教育・保育の特徴としては①育てたい資質・能力が「10の姿」として示され、具体的な子供の様子を見て心情を察し、育ちのプ

ロセスを捉える②国のカリキュラムが５領域を基に、知・徳・体や心情を大事にしている③環境を通した遊びを重視している④観察と記録、振り返りと対話を重視して、育ちを捉える評価と研修が行われている──を挙げた。

● 「子供目線」は日本の強み

第２部はパネルディスカッション。まず、３か国から報告があった。

最初はノルウェーから、トーベ・スリンデ教育研究省学校・幼稚園部門上級顧問の「ノルウェーの幼児教育における『質の向上』と『インクルージョンの促進』に調査結果はどのような情報を与えたか」。ノルウェーの幼稚園も遊びをベースとした子供中心の「ホリスティック・ペタゴジー」が行われ、▽民主主義、多様性、平等▽持続可能な開発▽ライフスキルと健康──の育成が重視されているという。調査結果からノルウェーの特長を紹介しながら、「それぞれの国には独自性があるが、共通する価値観は必ずある」と指摘した。

続いて韓国からのテレビ会議方式で、ムン・ムギョン乳幼児保育・教育機関副所長が「調査結果の政策への展開：韓国におけるOECD国際幼児教育・保育従事者調査の主要結果、及び示唆されること」と題して報告した。韓国の強みとして国内総生産（GDP）の１％相当を幼児教育・保育の公的投資に充てていることや保護者の期待、エビデンス（客観的な証拠）と研究に基づく政策質保証システムなどを挙げる一方、弱みとしては日本と同様に幼児教育と保育が二元化システムとなっていることや、営利目的事業者の比率が高いことなどを紹介。調査結果からは、▽保育施設で有資格保育者が不足している▽特別支援を要する子供たちに対応できる保育者の能力が不足している▽書類作成が多すぎたり、行政からの指示の変更に対

応するための業務が多すぎる──などの課題が浮かび上がったという。

最後の報告は日本から、杉浦健太郎・国研幼児教育研究センター総括研究官の「OECD国際幼児教育・保育従事者調査2018：結果のポイント─日本の結果を中心に─」。保育者の養成・研修に関しては、「幼小接続での支援」が大切にされてきたことが特長だと指摘。予算が増えたとしたら優先させるべき支出として①給与を上げる②支援職員を増やして、事務負担を減らす③保育者を増やして担当グループの規模を小さくする──という順で回答が多かったことを紹介し、②は小・中学校とも共通する課題だと説明した。

最後に渡邊恵子・国研幼児教育研究センター長の司会でディスカッションが行われ、ムン副所長を除く４人が登壇した。

トーベ上級顧問は、ノルウェーの幼稚園では年５日間閉鎖して研修に充てていることを紹介。秋田教授の問い掛けに対して、支援のためには国の投資が重要だと応じた。また、ノルウェーで言語能力の開発が重視されていることに関しては、ノルウェー語以外の言語背景をもつ子供が多いことがあると説明した。

ベルファリ課長は、欧米の実践では資質・能力の育成に重きを置く傾向があることを指摘。日本は子供の気持ちに寄り添って関わる視点をもって実践している点が重要だと述べると、杉浦総括研究官は国際調査結果を踏まえたシナジー（相乗効果）をどう図るかが国研の宿題だとした。

さらにトーベ上級顧問は、日本の特長として遊びと「子供目線」を挙げ、「私たちも同レベルと思っていたが、（調査結果を見ると）日本は圧倒的だった」と述べ、国際比較による幼児教育・保育の質向上に日本が貢献することに期待をかけた。

教育関係者向け総合情報サイト

☺ ぎょうせい 教育ライブラリ

● 『学びのある』学校づくりへの羅針盤をコンセプトに、教育の現在に特化した情報サイトです。

Since 2019

「お気に入り」登録を！
https://shop.gyosei.jp/library/

➡

▼「ぎょうせい教育ライブラリ」トップページ

「学校教育」の現場で今すぐ役立つ情報を発信していきます。

教育の現在が分かる無料メルマガ
「きょういくプレス」会員受付中

〒136-8575
東京都江東区新木場1-18-11
TEL0120-953-431
株式会社　ぎょうせい

次代を見据えた学校教育の論点

変化の激しい社会を生きる子供たちに、「受け身で対処するのではなく、主体的に向き合って関わり合い、その過程を通して、自らの可能性を発揮し、よりよい社会と幸福な人生の創り手」となるための力を育むこと。これからの学校には、こうした教育の視点のもと、大きな質的転換が求められています。新学習指導要領の実施はもとより、SDGsやICT教育、働き方改革——。2030年やその先の未来社会を見据え、管理職が直面する実務課題とは。新年度に向け、いま押さえておくべき論点と対策を検討します。

●論 考——theme

これからの学校づくりに求められる校長の構想力
　　——希望と志を育む学校

SDGsは教育を変えるか

「令和時代のスタンダードとしての1人1台端末環境」のもたらすパラダイムシフト

学習する学校の創造

改正・給特法と学校の働き方改革

これからの学校づくりに求められる校長の構想力
希望と志を育む学校

関西福祉科学大学教授
大脇康弘

社会に開かれた教育課程の具現化

現代の子供は、知識基盤社会に入り産業構造・職業構造が変動する予測困難な時代を生きることになる。そこにおける教育は社会や世界と向き合い、よりよい社会を創ることを課題として、社会と連携・協働して展開される必要がある。

そして、教育課程の新たな軸として、「主体的・対話的で深い学び（「アクティブ・ラーニング」）を提起し、社会との連携・協働を軸とする「カリキュラム・マネジメント」を打ち出したのである。

この新教育課程の具体化に当たっては授業づくり、組織づくり、学校づくりまで幅広い取組が求められる。教員個々人の能力・活動・意識の改革だけでなく、教職員集団として学校組織として、さらに学校・地域連携として取り組むことが求められる。

校長はスクールリーダーとして新教育課程の具現化はもとより、学校を組織的に維持するために、教職員の人間関係に気を配り、産休・育休者や病休者の講師確保をはじめ、教育活動への指導・助言から人材育成、さらに、子供の安全・安心に関わる問題、保護者・地域とのトラブル対応、新型コロナ感染症対策など危機管理対応も求められる。こうした中にあって、校長が未来社会に対応する学校づくりを構想するために、何が必要なのかを二種の提言から考えてみたい。

Society 5.0とSTEAM教育

近年話題にされている「Society 5.0」は、「第5期科学技術基本計画」（2016）の中で提唱されている未来社会像である。IoT（Internet of Things）、AI（人工知能）、クラウド、ドローン、自動走行車・無人ロボットなどによってイノベーションが創出され、サイバー空間（仮想空間）とフィジカル空間（現実空間）を高度に融合させたシステムが構築され、経済発展と社会的課題の解決を両立する人間中心の社会となるとされる。新たな「成長モデル」から描いた未来社会像であろう。そして、この「Society 5.0」に向けた学びが「STEAM（スティーム）教育」として提起されている。

STEAM教育は5科目（Science, Technology, Engineering, Art, Mathematics：科学、技術、工学、芸術・教養、数学）等の各教科での学習を、実社会での課題解決に生かしていくための教科横断的な教育をいう。この問題発見・解決型の学習は、こ

れまで「総合的な学習の時間」「総合的な探究の時間」「理数探究」等で取り組まれた学習の発展型と位置付ける。小学校でプログラミング教育が必修化され、スーパーサイエンスハイスクール（SSH）での科学技術人材の養成を拡充することになる。このSTEAM教育はAI時代における人材養成を主眼とする方策と考えられる。

新井紀子氏は『AIに負けない子どもを育てる』で、リーディングスキルテスト（RST）を作成し、オンライン受験18万人の結果分析から、「AI時代に必要なのは読解力である」と断言している。電子黒板、デジタル教科書などITの活用を限定的に捉えている。

OECD「Education 2030」

OECDはDeSeCo（デセコ）を組織し、2003年に「キー・コンピテンシー」を定義し、新たな資質・能力像を提起した。それは①相互作用的に道具を用いる能力②異質な集団で交流する能力③自律的に活動する能力という三領域から構成され、その核心に省察性（reflectiveness）を据えている。これはPISAをはじめ、世界各国の教育政策に影響を与えた。

その後、OECDは「Education 2030」プロジェクトを組織し、2018年に「教育とスキルの未来：教育2030」（「2030年に向けた学習枠組み」）を提案している。複雑で不確かな世界を歩んでいく力として「変革を起こす力のあるコンピテンシー」（Transformative competencies）、「エージェンシー」（Agency）を定義し、先の「キー・コンピテンシー」のベクトルを明らかにした。それは①新たな価値を創造する力（Creating new value）、②対立やジレンマを調整する力（Reconciling tensions and dilemmas）、③責任をある行動をとる力（Taking responsibility）から構成される。これを支えるのは、5種のリテラシー（Literacy, Numeracy（数理・数学），Data Literacy, Health Literacy, Digital Literacy）である。そして、見通し、行動、振り返り（AAR）のサイクルで学びが展開されるとする新しい資質・能力像を提起し、学びサイクルを示している。

さらに注目すべきは、普遍的な教育目標として「ウェルビーイング」（well-being）が掲げられている。日本語訳すると、「身体的、精神的、社会的に良好な状態」「良好性」となる。個人的、社会的な「ウェルビーイング」が実現すべき課題と明記されている。この「学習枠組み」は考察を深めたい。

学校づくりの基軸

最後に、現在から未来に向けて学校づくりを構想するとき、基軸に据えるべき視点を述べたい。第一に、「市民的教養」（市民基礎力）を確実に形成したい。第二に、子供一人一人の「希望と志」を育みたい。玄田有史『希望のつくり方』によれば、希望とは「行動によって何かを実現しようとする気持ち」である。"Hope is a Wish for Something to Come True by Action."学校が希望を育むためにどのような環境を構成し、どのような活動を組織すべきか、各学校でアイデアを練り具体化することを願わずにはいられない。そして、第三に、「安全・安心」な学校環境を作りたい。このために、学校づくりのリーダーとして何を目指し具体化すべきなのかを考えたい。

Profile

おおわき・やすひろ　教育経営学・教師教育学専攻。スクールリーダー教育の実践で日本教育経営学会「実践研究賞」受賞（2回）。編著著に『若手教師を育てるマネジメント』『学校をエンパワーメントする評価』（ぎょうせい）、『学校を変える授業を創る』『学校評価を共に創る』（学事出版）、『「東アジア的教師」の今』（東京学芸大学出版会）など。

SDGsは教育を変えるか

教育ジャーナリスト
渡辺敦司

象徴的な「3月」の事態

　2020年4月から小学校で新しい学習指導要領が全面実施になるのを直前に控えた2月29日、安倍晋三首相が新型コロナウイルスの感染を抑制するため、3月2日から春休みまで全国すべての小学校・中学校・高校・特別支援学校を臨時休業にするよう要請した。もちろん実際にどう休業するかは各教育委員会の判断に委ねられたが、結果的に公立はほとんどの学校が何らかの形で要請に応じ、国立は100％、私立でも90％台となった。未消化の授業分をどう扱うか、課題は新学期に持ち越されることになる。

　ところで大混乱に陥ったのは教育現場だけでなく、イベントが次々と中止になったり観客を入れない開催となったりするなど、国民生活にも多大な影響を与えた。そうした中で、感染防止のためのマスクだけでなく全然関係ないトイレットペーパーなども買い占められるという事態も起こった。十分解明されていないウイルスだけに、こうした対応が十分だったかは今後、検討が求められるだろう。

　ところで今回の感染騒動が3月を前に起こったというのも象徴的だったように思えてならない。11年3月11日に発生した東日本大震災では東京電力福島第一原子力発電所の事故により、国内外で放射能への懸念が一気に高まった。その後、学校教育でも「放射線教育」が進められることになったが、今も同発の汚染水処理問題をめぐって議論がくすぶるほど、社会的に不安が解消されたとは言い難い状況にある。

　一見、関係ないような話から始めて恐縮である。しかし9年前と今の「3月」に起こった事態は、どちらも未曽有の事態に学校教育がどう対応し、自ら必要な情報を集めて判断し行動できる市民をどう育てるかという課題を突き付けているように思えてならない。学校と社会の持続可能性が問われている、と言ったら大げさに過ぎるだろうか。

　教育で持続可能な開発目標（SDGs）を考える上では、単に「○○（マルマル）教育」の一つにとどめてはならない。実際、これからの教育の中心に据えるべきだという意見さえ、指導要領の改訂論議ではあった。それだけ重い課題であるということを認識して、新教育課程に臨まなければならないことを改めて認識させる3月だった。

SDGsとは何か

　SDGsは15年9月の国連サミットで「ミレニアム

開発目標」（MDGs、01年策定）の後継として、150か国以上の参加により採択された「持続可能な開発のための2030 アジェンダ」（16～30年）の中で掲げられた。

　持続可能でよりよい世界を目指す国際目標として17の国際目標（①あらゆる場所のあらゆる形態の貧困を終わらせる、②飢餓を終わらせ、食料安全保障及び栄養改善を実現し、持続可能な農業を促進する、③あらゆる年齢のすべての人々の健康的な生活を確保し、福祉を促進する、④すべての人に包摂的かつ公正で質の高い教育を提供し、生涯学習の機会を促進する、⑤ジェンダーの平等を達成し、すべての女性及び女児の能力強化を行う、⑥すべての人々の水と衛生の利用可能性と持続可能な管理を確保する、⑦すべての人々の、安価かつ信頼できる持続可能な近代的エネルギーへのアクセスを確保する、⑧包摂的かつ持続可能な経済成長及びすべての人々の完全かつ生産的な雇用と働きがいのある人間らしい雇用を促進する、⑨強靱なインフラ構築、包摂的かつ持続可能な産業化の促進及びイノベーションの推進を図る、⑩各国内及び各国間の不平等を是正する、⑪包摂的で安全かつ強靱で持続可能な都市および人間居住を実現する、⑫持続可能な生産消費形態を確保する、⑬気候変動及びその影響を軽減するための緊急対策を講じる、⑭持続可能な開発のために海洋・海洋資源を保全し、持続可能な形で利用する、⑮陸域生態系の保護、回復、持続可能な利用の推進、持続可能な森林の経営、砂漠化への対処、並びに土地の劣化の阻止・回復及び生物多様性の損失を阻止する、⑯持続可能な開発のための平和で包摂的な社会を促進し、すべての人々に司法へのアクセスを提供し、あらゆるレベルにおいて効果的で説明責任のある包摂的な制度を構築する、⑰持続可能な開発のための実施手段を強化し、グローバル・パートナーシップを活性化する）が設定され、その下に169のターゲットと232の指標が設けられている。

　SDGsには▽普遍性（すべての国が行動）▽包摂性（誰一人取り残さない）▽参画型（すべてのステークホルダーが役割を）▽統合性（社会・経済・環境に総合的に取り組む）▽透明性（定期的にフォローアップ）――という特徴がある。

　各目標は独立したものではなく、相互に関係するだけでなく、時には相反する価値を追求することもあるとされる。

　その中でも④の教育は「すべてのSDGsの基礎」（日本ユネスコ国内委員会「ESD推進の手引」改定版）と考えられている。

　日本政府としても16年5月に首相を本部長とするSDGs推進本部を設置し、その下に広範な有識者を集めた「SDGs推進円卓会議」を設けて意見交換を行っている。

　17年以降は毎年アクションプランも決定しており、19年12月の「SDGsアクションプラン2020」では①ビジネスとイノベーション～SDGsと連動する「Society5.0」の推進②SDGsを原動力とした地方創生、強靱かつ環境に優しい魅力的なまちづくり③SDGsの担い手としての次世代・女性のエンパワーメント――を柱としている。

　このうち③には「『人づくり』の中核としての保健、教育」として、「新学習指導要領を踏まえた持続可能な開発のための教育（ESD）の推進」も位置付けられている。

　なお①に関しては日本経済団体連合会（経団連）がSDGsの達成に向け、革新技術を最大限活用することにより経済発展と社会的課題の解決の両立するコンセプトとしてSociety5.0を提案するなど、官民を挙げた取組に発展している。

　なおSGDsの中核を成すESDについても、更なる取組を促すための新たな国際的枠組みである「持続可能な開発のための教育：SDGs達成に向けて（ESD for 2030）」の決議が、19年11月にユネスコ総会で、12月には第74回国連総会において採択されている。

新学習指導要領とSDGs

新指導要領の総則に、教育基本法第2条に掲げる五つの目標を踏まえて「これからの学校には、こうした教育の目的及び目標の達成を目指しつつ、一人一人の児童が、自分のよさや可能性を認識するとともに、あらゆる他者を価値のある存在として尊重し、多様な人々と協働しながら様々な社会的変化を乗り越え、豊かな人生を切り拓き、持続可能な社会の創り手となることができるようにすることが求められる」と明記されたのは、周知のことだろう。さらに総則は「このために必要な教育の在り方を具体化するのが、各学校において教育の内容等を組織的かつ計画的に組み立てた教育課程である」と続けている。カリキュラム・マネジメント（教育課程に基づき組織的かつ計画的に各学校の教育活動の質の向上を図っていくこと、カリマネ）の中でSDGs達成のための教育を各校で計画・実施することが求められている。

これに関して、改訂作業時に文科省教育課程課長だった合田哲雄財務課長は19年8月に学習院大学で開催された日本教育学会の公開シンポジウム（本誌Vol.6「教育Insight」拙稿参照）で「創造性や社会的な公正性、個人の尊厳といった価値が成立する成熟社会を子供たちが創っていってほしい、という意思を思想的・社会的な文脈で位置付け、表現したものの一つがSDGsではないか」と説明。さらに、18年6月に文科省が発表した政策ビジョン「Society5.0に向けた人材育成」に基づいて、工業化社会に対応した「学校バージョン1.0」（知識の体系）、今回の改訂の「学校バージョン2.0」（資質・能力の体系）に続く「学校バージョン3.0」のイメージとして、①これまで以上に学年や教科といった垣根が相対的に低くなる②学校がすべての知識をもって独占的に子供たちを教育するのではなく、大学や研究機関、図書館、NPOなど、様々な機関が子供をアクティブ・ラーナーにするために連携する——のがポイントだと指摘している。

SDGsと今後の学校教育

SDGsが新指導要領に盛り込まれたからといって、何もゼロから始めなければならないわけではない。1980年代から提唱されているESDは▽環境学習▽国際理解学習▽エネルギー学習▽防災学習▽世界遺産や地域の文化財等に関する学習▽生物多様性▽気候変動▽その他関連する学習——といった関連する様々な分野を「持続可能な社会の構築」の観点からつなげ、総合的に取り組むものとされている。また、ユネスコ憲章に示された理念を学校現場で実践するための「ユネスコスクール」（加盟校は世界182か国の約1万1500校、うち日本1120校＝19年11月現在）はESDの推進拠点と位置付けられている。

だからといって、特別な学校でしかできないものではない。先のESD関連分野にしても、既に総合的な学習の時間の中で横断的・総合的な実践が蓄積されていることは、指摘するまでもないだろう。

新指導要領は、「OECD（経済協力開発機構）と同期」（鈴木寛・元文部科学副大臣）して改訂されたとされる。近未来の教育について世界に提言するOECDの「Education 2030」プロジェクトが、日本とも政策対話を行いながら作業をしていったためだ。19年5月の最終報告書で打ち出された「OECDラーニング・コンパス（学びの羅針盤）2030」では、知識、スキル、態度・価値というコンピテンシー（資質・能力）が不可分一体のものとして絡み合い、さらに「より良い未来の創造にむけた変革を起こす力」（①新たな価値を創造する力、②対立やジレンマに折

り合いをつける力、③責任ある行動をとる力）を備えるため、見通し・行動・振り返りの「AARサイクル」を回しながら、個人のみならず社会や地球の「ウェルビーイング」（健やかさ・健康度）を目指して学んでいく、というイメージを描いている。そこでは、生徒がエージェンシー（自ら考え、主体的に行動して、責任をもって社会変革を実現していく力）を発揮することも重視している。さらに同プロジェクトはユネスコとも綿密な連携を図っており、OECDが定義したウェルビーイングはSDGsとも関係性をもっていると説明している。いずれも新指導要領と親和性が高いことが分かるだろう。

OECDのアンドレアス・シュライヒャー教育スキル局長も、19年9月に東京都渋谷区の国連大学で開催されたG20大阪サミット教育関連イベント「21世紀の教育政策〜Society5.0時代における人材育成〜」の中で、質の高い教育にはSDGsの17の目標を達成できるかが課題だと指摘した。同イベント自体もESD for 2030の意義を確認することが開催趣旨の一つでもあった。

現代社会の文脈の中で

新指導要領が「2030年頃の社会の在り方を見据えながら、その先も見通した姿を考えていく」（16年12月の中央教育審議会答申）ものならば、SDGsの視点でアクティブ・ラーニング（主体的・対話的で深い学び、AL）とカリマネに取り組むことが有効だ。それによって社会と切り離されたコンテンツ（学習内容）・ベースの学習を、「社会に開かれた教育課程」によるコンピテンシー・ベースに転換し、21世紀を超えて22世紀まで「生きる力」の育成を図っていくべきではないか。

もちろん、それが現実的に簡単ではないことも確

かだ。しかし、改めて「3月」に戻ろう。東日本大震災以降、日本各地では地球温暖化も影響しているとみられる自然災害が頻発している。また、中国・武漢に端を発した新型コロナウイルスは世界的な広がりを見せ、世界保健機関（WHO）も深刻な懸念がある国として日本や韓国だけでなくイランやイタリアと広範な地域の国を挙げたのも、世界的な株安とも併せてグローバル化の進行を強く印象付けるものとなっている。

そうした未曽有の事態に対応するためには、シュライヒャー局長が指摘するように過去の正解だけが書かれた教科書や辞書だけに頼った学習では済まなくなる。不確かな情報や意図的な誤情報もあふれるインターネットも含めて必要な情報を取り出し、その正誤も自分なりに判定した上で、国民としてのみならず地球市民としてどう受け止め、判断し、行動するかを個々が考えなくてはならない。18年に行われたOECDのPISA（生徒の学習到達度調査）で中心分野として調査された「読解力」は、まさにそうした資質・能力が問われたと受け止めるべきだろう。

そうした現代社会にあって、多様な他者とも協働しながら未解決の課題を発見し、最善解を見いだして実行、改善していく力を育成することが、ますます国内外に課題を抱える時代を生き抜く子供たちには不可欠なものとなっている。そのためにもSDGsで教育を変える視点が、新教育課程には求められるのではないだろうか。

Profile

わたなべ・あつし　1964年北海道生まれ。横浜国立大学卒業。日本教育新聞記者として文部省などを担当し、98年からフリー。時事通信社『内外教育』をはじめ専門誌紙やウェブサイト向けに教育関係の記事を多数執筆。

「令和時代のスタンダードとしての1人1台端末環境」のもたらすパラダイムシフト

東北大学大学院教授
堀田龍也

GIGAスクール構想とは

　「GIGAスクール構想」とは、2019年12月13日に閣議決定され、2019年度補正予算案に2318億円が盛り込まれた巨大な補正予算を伴う学校のICT環境整備の構想である。児童生徒向けの1人1台学習用端末と、高速大容量の通信ネットワークを一体的に整備する構想であり、義務教育段階の児童生徒に対して、令和2年度から令和5年度までの4年間で1人1台情報端末を整備するほか、これらがいつでもネットワークに接続されクラウドをデフォルトとして活用できる学習環境を実現するための高速大容量の通信ネットワークを整備するというものである。

　2020年4月には、小学校から新学習指導要領が全面実施を迎える。新学習指導要領は、学習におけるICT環境を前提としており、その整備を設置者である自治体に求め、ICTの基本的な操作スキルの修得を「学習の基盤となる資質・能力」として各学校のカリキュラム・マネジメントに求めている。すなわち、GIGAスクール構想のようなICT環境は新学習指導要領ですでに想定済ということになる。

　これまでICT環境整備については、地方交付税での予算措置がなされてきたが、自治体による整備格差が大きくなり、このことが児童生徒の情報活用能力の格差につながっていることが指摘されてきた。そのため、政府主導の強い意向として、2318億円（うち公立学校に2173億円）もの多額の国家予算を投入し、おおむね2割の自治体負担でICT環境整備ができるように働きかけることとなった。

これからの学習環境としてのICT

　加えて萩生田光一文部科学大臣は、「子供たち一人ひとりに個別最適化され、創造性を育む教育ICT環境の実現に向けて〜令和時代のスタンダードとしての1人1台端末環境〜」という文部科学大臣メッセージを発出した[1]。このメッセージの中には、「Society5.0時代に生きる子供たちにとって、PC端末は鉛筆やノートと並ぶマストアイテムです」「社会を生き抜く力を育み、子供たちの可能性を広げる場所である学校が、時代に取り残され、世界からも遅れたままではいられません」「1人1台端末環境は、もはや令和の時代における学校の『スタンダード』であり、特別なことではありません」など、世界各国から大きく遅れてしまった我が国の学校のICT環境整備を、この機会にしっかりと追いつかせようという意気込

みを示している。また、今後は「教育課程や教員免許、教職員配置の一体的な制度の見直し」「研修等を通じた教員のICT活用指導力の向上」などの教育改革に取り組むと宣言している。さらに、この実現には「各自治体の首長の皆様のリーダーシップが不可欠」とし、「この機を絶対に逃すことなく」「学校・教育委員会のみならず、各自治体の首長、調達・財政・情報担当部局など関係者が一丸となって」学校のICT環境の実現に取り組んでほしいとのメッセージも書き込まれている。これだけ大きな補正予算も、文部科学大臣がここまで明言することも、いずれも希有なことである。

これに加えて、2020年当初からの新型コロナウィルスの流行により、同年2月29日に安倍晋三総理大臣から突然、全国すべての小学校、中学校、高等学校、特別支援学校の臨時休業が要請されるという非常事態を迎えた。その後の休業期間中には、児童生徒が1人1台情報端末を持ち遠隔授業や調べ学習、レポート提出、個別最適化のドリルなどの教材を活用できる学校と、ICT環境整備が整っていないためにそれができない学校の児童生徒の間には、教育機会の格差が見られたことは記憶に新しい。「GIGAスクール構想があと半年早ければ……」という報道も見られた。

民間と学校との温度差

人口減少社会に突入して久しい我が国において、民間企業はICTやネットワークをふんだんに用いることができるよう投資して働き方を改善し、有能な人材がパフォーマンスを発揮しやすい環境を整備した。環境に優しいペーパーレス、有能な外国人の積極的な雇用が可能となるように、デジタル化や英語を活用するシーンを増やした。民間企業で働く人々

のスキルと働きやすい職場のマッチングも進み、人生100年時代の各ステージにふさわしい職場で軽重を付けた働き方が実現するよう努力してきた。

それに対して学校現場は、「ICTの使い方が分からない」「紙でできることをなぜICTでやる必要があるのか」「子供の成長にはICTばかりではよくない」といった意見がまだ多く見受けられ、ICT環境の整備主体である教育委員会も、これをリードする立場の首長や議会も、学校の情報化に対する投資を先送りにしてきた。地方交付税交付金が付与されているとはいえ、耐震やエアコン、洋式トイレの整備等にも経費がかかるし、そもそも人口比からみて高齢者対策に先に投資される傾向は否めない。

その結果、学校の職場環境は劣悪なまま、児童生徒や保護者の多様化に人力で対応しながら教師は疲弊し、有能な人材は学校現場を避けて民間企業に向かう始末となっている。経済界はこれに対して、教育界に自助努力が足りず招いた結果であると冷ややかである。

次代を見据えたこれからの学校のICT環境の整備は、もう何年も前から謳われてきたし、精力的にこれに取り組んできた自治体は、すでに多くの成果が児童生徒の学力、情報活用能力、そしてICT環境の活用によって社会に開かれた教育課程を実現し、「主体的・対話的で深い学び」につなげているところである。

これらの先進的な自治体の努力を、すべての自治体で急ぎ実現すべきという観点から、政府はGIGAスクール構想を打ち出しているところである。約8割の実質経費を国が負担するという今回の政策の意味を考えると、おそらく今後は1人1台の情報端末が整備されていることを前提とした教育政策にシフトしていくということになるだろう。

しかし現段階でも、自治体によっては、このGIGAスクール構想にすら乗り遅れるところが散見されている。今後の政策を十分に享受できないままガラパ

ゴス化し、当該自治体の児童生徒の将来に禍根を残すのではないかとの懸念は払拭できない。

なぜなら、先進国の中で我が国だけが、児童生徒が学習場面においてICTを活用している割合が低く、それが学力にも影響が出始めていることが、2019年12月に公表されたPISA2018の結果で見て取れるからである。

PISA2018「読解力」調査結果

経済協力開発機構（OECD）による「生徒の学習到達度調査（PISA）」は、義務教育修了段階の15歳の生徒がもっている知識や技能を、実生活の様々な場面で直面する課題にどの程度活用できるかを測ることを目的とした国際比較調査である。日本では、高校1年相当学年が調査対象となっており、PISA2018は同年6〜8月に抽出で実施された[2]。

PISAは、2000年から3年ごとに、読解力、数学的リテラシー、科学的リテラシーの3分野で実施されており、平均得点が経年比較可能になるようテスト理論を用いて設計されている。PISA2015からコンピュータ使用型調査（CBT：Computer Based Testing）に移行しており、ICT活用調査も同時に実施されるようになった。

PISA2018の調査結果によれば、数学的リテラシーおよび科学的リテラシーが引き続き世界トップレベルであったのに対し、読解力はOECD平均より高得点のグループに位置するものの、前回より平均得点・順位が統計的に有意に低下した。読解力は、全参加国・地域（79か国・地域）では15位、OECD加盟参加国（37か国）の中で11位であった。

PISA2018における「読解力」は、紙や看板に書かれたものだけに留まらず、オンライン上の多様な形式を用いたデジタルテキスト（Webサイト、投稿文、電子メールなど）をも読解する対象に含んでいる。そして、「読解力」として測定する能力は以下のように提示されている[2]。
①情報を探し出す（locating information）
　−テキスト中の情報にアクセスし、取り出す
　−関連するテキストを探索し、選び出す
②理解する（understanding）
　−字句の意味を理解する
　−統合し、推論を創出する
③評価し、熟考する（evaluating and reflecting）
　−質と信ぴょう性を評価する
　−内容と形式について熟考する
　−矛盾を見つけて対処する
PISA2018の「読解力」の問題で我が国の生徒の正答率が比較的低かった問題には、テキストから情報を探し出す問題や、テキストの質と信ぴょう性を評価する問題などがあった[2]。上記の能力のうち、①情報を探し出すことと③情報を評価して熟考することに課題が見られるということである。

ここまでを整理しよう。PISAは、義務教育修了段階の生徒がもっている知識や技能が、実生活の様々な場面で直面する課題にどの程度活用できるかを測ることを目的とした調査であり、PISAでいう「読解力」は、我が国で広く認識されている読解力よりも広範かつ実用的な能力である。測定される力も、情報を正確に取り出し、理解し、熟考して対応することであり、日本の生徒はこのうち情報の取り出しや情報の評価に課題があるということになる。

現代はすでに情報社会となっており、児童生徒が触れているメディアは多様化し、特にデジタル環境では情報のスピードが優先されている。矢継ぎ早に降り注いでくる、必ずしも正確とは言えない玉石混交のデジタル情報に対し、写真や動画も含めた多様なテキストを、そのテキストの構成原理に基づいてすばやく情報を取り出すスキル（読み取り）と、当該のテキストがどのような立場から誰に向けて何故

に発信されているのかを判断するスキル（読み解き）が重視されている。しかしPISA2018の結果を見る限り、我が国の生徒は、意図された情報を読み取れずに安易に迎合してしまったり、悪意のある情報を読み取れずに鵜呑みにしてしまったりする可能性がある。児童生徒の情報モラル上の不適切な案件が後を絶たないが、それは読解力の不足に起因している可能性がある。

学習におけるICT活用と情報活用能力の育成

冒頭に述べたように、PISAでは2015年からICT活用調査も同時に実施されるようになった。ICT活用調査とは、生徒に対して、携帯電話、デスクトップ/タブレット型コンピュータ、スマートフォン、ゲーム機など、様々なデジタル機器の利用状況について尋ねる調査である。

PISA2018のICT活用調査の結果、我が国の生徒は、学校の授業（国語、数学、理科）におけるデジタル機器（スマートフォン等を含む）の利用時間が短く、OECD加盟国中最下位であった。「コンピュータを使って宿題をする」「学校の勉強のために、インターネット上のサイトを見る」「関連資料を見つけるために、授業の後にインターネットを閲覧する」など授業外のICT活用頻度もOECD加盟国中最下位であった。一方、「ネット上でチャットをする」「1人用ゲームで遊ぶ」頻度の高い生徒の割合がOECD加盟国中最も高く、かつその増加の程度が著しいことも明らかになった。

すなわち我が国の児童生徒は、ICTを遊びの道具としては極めて多く活用しているものの、ICTを学習の道具として活用する経験は皆無に近い。そのため、CBTの経験もほぼゼロに等しい。これは、我が国のICT環境整備の遅れが、「学習の基盤となる資

質・能力」として総則に書き込まれている情報活用能力の大幅な不足につながっており、PISAで求められるような実用的な学力に影響を与え始めたことを提示しているのではないだろうか。

求められるは授業のパラダイムシフト

萩生田光一文部科学大臣の言葉を借りれば、GIGAスクール構想は「令和時代のスタンダードとしての1人1台端末環境」である。常にすぐそばに情報端末を保持し、これをあらゆる学習場面で活用して学ぶという児童生徒の学習環境の劇的な変化である。

となれば、授業スタイルも従来のままで良いはずがない。我が国の従来の授業の再点検と、学習者中心主義への授業のパラダイムシフトが求められている。

[参考文献]
1 萩生田光一（2020）「子供たち一人ひとりに個別最適化され、創造性を育む教育ICT環境の実現に向けて〜令和時代のスタンダードとしての1人1台端末環境〜」《文部科学大臣メッセージ》. https://www.mext.go.jp/content/20191225-mxt_syoto01_000003278_03.pdf
2 国立教育政策研究所（2019）「OECD生徒の学習到達度調査（PISA）」. https://www.nier.go.jp/kokusai/pisa/

Profile

ほりた・たつや　東北大学大学院情報科学研究科・教授。東京都公立小学校教諭、メディア教育開発センター准教授、玉川大学教職大学院教授等を経て現職。専門は教育工学、情報教育。博士（工学）。中央教育審議会委員。著書に『情報社会を支える教師になるための教育の方法と技術』（三省堂）など。

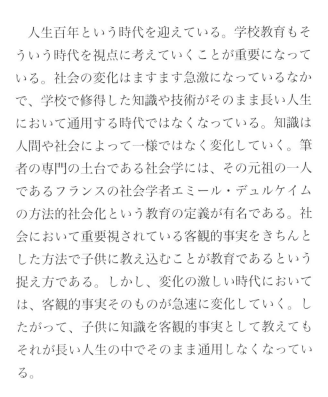

学習する学校の創造

星槎大学特任教授
新井郁男

　人生百年という時代を迎えている。学校教育もそういう時代を視点に考えていくことが重要になっている。社会の変化はますます急激になっているなかで、学校で修得した知識や技術がそのまま長い人生において通用する時代ではなくなっている。知識は人間や社会によって一様ではなく変化していく。筆者の専門の土台である社会学には、その元祖の一人であるフランスの社会学者エミール・デュルケイムの方法的社会化という教育の定義が有名である。社会において重要視されている客観的事実をきちんとした方法で子供に教え込むことが教育であるという捉え方である。しかし、変化の激しい時代においては、客観的事実そのものが急速に変化していく。したがって、子供に知識を客観的事実として教えてもそれが長い人生の中でそのまま通用しなくなっている。

カリキュラム観の転換

　以上に述べたように、知識を客観的事実として教えるだけの教育を転換することが重要になっている。新しい学習指導要領では、教育の重要な視点として「主体的・対話的で深い学び」ということが示されて

いるが、これはまさにこれからの社会を展望しての提起である。こうした提起に応じて重要なことは、カリキュラムの捉え方、すなわち、カリキュラム観を転換することである。従来、カリキュラムは教育課程のことというのが大方の捉え方であったのではないかと思われる。しかし、本来、教育課程はアメリカでいうCourse of studyに対応する用語であった。アメリカでいうcourseは教科・科目のことで、わが国では第二次大戦後、米国使節団の報告などを土台として導入された新教育体制のもとでは、当初、「教科課程」と呼ばれていた。その後、道徳など教科以外の時間・活動が導入されるようになり「教育課程」といわれるようになったのである。従来はこのような意味での教育課程がカリキュラムであると捉えることが教育界の大方の動向であったといえるであろう。しかし、カリキュラムは「潜在的カリキュラム」とか「見えないカリキュラム」という用語があることからもわかるように、カリキュラムは教育課程も包摂したより広い概念である。

　新学習指導要領においては、そのことをカリキュラム・マネジメントという観点で以下のように提起している。

　「各学校においては、児童（生徒）や学校、地域の実態を適切に把握し、教育の目的や目標の実現に必要な教育の内容等を教科等横断的な視点で組み立て

ていくこと、教育課程の実施状況を評価してその改善を図っていくこと、教育課程の実施に必要な人的・物的な体制を確保するとともにその改善を図っていくことなどを通して、教育課程に基づき組織的かつ計画的に各学校の教育活動の質の向上を図っていくこと（以下、『カリキュラム・マネジメント』という。）に努めるものとする」

敷衍していうならば、教育課程は法的拘束力をもつとされる学習指導要領に基づいて各学校が編成するものであるが、カリキュラムはその教育課程に基づいて、教育の目的・目標が適切に達成されるようにそれに関連する様々な要因を全体的・総合的に捉えて、質の向上を図っていくことがカリキュラム・マネジメントであるということである。教育課程は学習指導要領に基づいていくという意味で原則的には各学校共通であるが、その実施に関わる児童生徒、教師、施設・設備、地域など諸要因は学校によって異なっているので、カリキュラムは各学校が創造的に捉えて開発していくべきものである。

こうしたカリキュラムについて、文部科学省の教育課程課長として学習指導要領の作成に尽力した合田哲雄氏（現財務課長）は2017年8月に一般財団法人教育調査研究所が主催した教育展望セミナーのパネルディスカッションの席で、「教育の本質を考えると、静態的なデータだけでなく、実際に学校に行ってみてその子供たちの様子をホリスティックに捉えていくことが大事」と語っている（『教育展望』2017年11月号、教育調査研究所、p.4）。

ホリスティックという用語は、カナダの教育学者ジョン・P・ミラー（John. P. Miller）の著"The Holistic Curriculum"（1988年）によって教育界で注目されるようになったもので、わが国では『ホリスティック教育』（吉田敦彦他訳、春秋社、1994年）として邦訳が出ている。端的に言うならば、構成する様々な要因を全体的・総合的に捉えていくカリキュラムということである。

それから筆者は、教育調査研究所の理事長としてセミナーにおける基調提案で、中央教育審議会の答申で提起されていたPDCAというマネジメント・サイクルのC=checkについて、主体的・対話的で深い学びを目的としたカリキュラムの評価方法としては適切ではない、PDCAの提案者であるアメリカの統計学者もCをS=study、すなわち、多面的に検討するという方向に変更している、と述べたのであるが、そのことについてのフロアからの質問に対して合田氏は、そのことについては文部科学省でも議論していると答えている。その結果だと思われるが、中央教育審議会答申では「PDCAの確立」という提言が学習指導要領に関して出されてはいない。『文部科学白書』では「カリキュラム・マネジメントの確立」として説明されているが、PDCAは出されてはいない（平成30年度版、p.114）。PDCAが否定されているわけではないが、やはりSを重視しているということであろう。

これに関連して改めて注目したいのは、昭和49（1974）年に文部省とOECDの教育研究革新センター（CERI=Centre for Educational Research and Innovation）との共催で東京で開催した「カリキュラム開発に関する国際セミナー」で討議された「羅生門的接近」というカリキュラム開発の手法である。これと対比して教育工学的接近という手法も提起されたが、これについて文部省からの報告書「カリキュラム開発の課題」（昭和50年）では詳しく解釈・解説されているが、端的に言うならば、教育工学的接近は字が読めるか計算ができるかといった具体的な行動目標に照らして行う評価に基づいてカリキュラムをマネイジする手法であるのに対して、羅生門的接近というのは、「主体的・対話的で深い学び」といった一般的目標に照らして行う評価に基づくカリキュラム・マネジメントである。羅生門的接近とか手法という用語は、元来、アメリカの人類学者ルイス（Oscar Lewis）が、家族の各構成員の長期間にわ

たる詳細な生活史によって、その家族を構成員の眼を通して捉える手法として、黒澤明監督による映画『羅生門』にヒントを得てRashomon-like techniqueと名づけたものである。映画のストーリーは芥川龍之介の小説『藪の中』を中心に描かれており、そこで一人の男の死をめぐる検非違使、犯人とされた男、死んだ男、その妻の証言が食い違っていることから、一人の男が死んだということは事実であるが、そのことに関する見方が多様であるということからヒントを得たのである。黒澤監督自身はそういうことより、藪の中で太陽光線にカメラを向けて撮影するという当時としては難しい方法に関心があったと語っている（佐藤忠男『黒澤明解題』岩波書店、1990年）、いずれにしても、一つの事実についての見方が多様であるこということが命名のポイントで、それをセミナーに参加していたアメリカの教育学者アトキン（J. M. Atkin）が行動目標などに捉われないカリキュラム開発の手法を羅生門的接近と呼ぶことを提案したのである。

　結論的に言うならば、教育工学的接近はPDCAに、羅生門的接近はPDSAに対応するといえる。ルイスの研究対象の家族の成員を児童生徒、教員など学校の成員に置き換えてみれば同様のことがいえるであろう。

学習する学校

　以上に考察したことは、学校を教育組織ではなく学習組織に転換するということになるが、そこで注目したいのは、マサチューセッツ工科大学（MIT）教授ビーター・センゲ（Peter Senge）を中心にまとめられ2012年に出版された"Schools That Learn"と題する598ページに及ぶ大著である。オランダ在住の社会研究家リヒテルズ直子によって『学習する

学校―子ども・教員・親・地域で未来の学びを創造する―』として邦訳も出ている（英治出版、2014年）。リヒテルズは日本でも講演活動をしておられ、自由学園での講演を聞き、話し合いをしたこともあるが、彼女がこの著と出会ったのはオランダで広く普及するイエナプラン教育の専門家を通してであったと訳書で述べている。イエナプラン（Jena Plan）というのは、ドイツ新教育運動の指導者の一人ペーターゼン（Petersen, P）が、1924年以降、イエナ大学付属実験学校で、その実践を試行した学校改革プランである。人格は教育協働社会の生活の中で形成されるので、学校をそのような組織体にすべきだと考えたのである。

　センゲの著はそのような学校を創造するための方策を考察したものなのである。センゲは1990年に"The Fifth Discipline-The Art & Practice of the Leaning Organization"（守部信之訳『最強組織の法則―新時代のチームワークとは何か』徳間書店、1995年）を上梓して注目され、その後具体例を考察した著をいろいろと出しているが、本書は教育を例としたものである。センゲは学習組織のdiscipline（法則）として次のような五つの法則を挙げている。
①personal mastery（自己マスタリー）
②mental model（メンタル・モデル）
③building shared vision（共有ビジョンの構築）
④team learning（チーム学習）
⑤systems thinking（システム思考）

　リヒテルズ訳で説明すると、「自己マスタリー」とは「人々、すなわち子供や大人を彼らの周りにある今の現実に気づくよう励ましながら彼らが夢を抱き続けられるようサポートする実践」、「メンタル・モデル」は、「普通は言葉にして表されることがなく、意識の底に潜むため、あまり検証されることがない側面」、「共有ビジョン」は、「質的に異なる目標や声明のすべてを整合的に調整するためにつくられた一連のツールであり、テクニック」、「チーム学習」は

「何らかのチームに属する人と共に考え行動させるために、時間を経て企画した実践に基づくディシプリン」、「システム思考」は「その中にあるいろいろな要素が時間の経過とともに互いに継続的に影響を与え合うために、『お互いに結び合った』状態だと人が認知する何らかの構造」である。システム思考は、センゲの最初の著のメインタイトルであり、"Schools That Learn" の表題にも付されている A Fifth Discipline（第五の法則）で、「学習する学校」を構築する土台であるというわけである。Systems thinking は、一般的には「システム思考」と表現されており、筆者もかつて Systems analysis について論じたことがあるが（森隆夫・新井郁男編著『教育経営と教育工学』帝国地方行政学会（現ぎょうせい）、1971年）、そこでは「システム分析」としていた。しかし、本来システムは systems と複数である。すなわち組織は様々なシステムから構成されているからである。そうした様々なシステムを総合的に関連付けていくことがシステム思考でありシステムズ思考とすべきであろう。

システムズとしては時間、空間など多様であるが、そうした中で筆者として特に強調したいことは、授業だけでなく、様々な場面で子供の学びや活動を「ほめる」人間形成的評価である。われわれがかつて行った退職者を対象とした調査では、「生きがい」は生活の様々な場面で自分は役割を果たしていると実感しているときに高くなるということ、そのような生き方をしている人は青少年時代に学校や家庭でまわりから高く評価された経験をもつ者が多いという関係があることが見いだされている。これについては新井郁男編著『「生き方」を変える学校時代の体験―ライフコースの社会学』（ぎょうせい、1983年）で詳しく考察したところである。また、アメリカには、小学校1年のときの教師の評価が成人してからの生き方に影響しているという調査もある（A New Perspective on the Effects of First Grade Teachers on Children's Subsequent Adult status, Harvard Educational Review, Vol.48, No.1 1978)。

これこそ学習する学校を創造する最大のポイントであろう。

Profile

あらい・いくお　星槎大学特任教授、上越教育大学名誉教授、一般財団法人教育調査研究所理事長、南開大学客座教授（中国）。世界新教育学会会長、日本学習社会学会会長。単著『学習社会論』『学校社会学』『地域の教育力を活かす』『教育経営の理論と実際』『ゆとりの学び・ゆとりの文化』等。訳書に『人はなぜいじめるのか』。

改正・給特法と学校の働き方改革

放送大学教授・東京大学名誉教授

小川正人

　公立学校における働き方改革に関する新しい仕組みを創設する改正・給特法が成立（2019年12月4日）し、2020年4月から施行される。文部科学省は、改正・給特法に基づき、「公立学校の教育職員の業務量の適切な管理その他教育職員の服務を監督する教育委員会が教育職員の健康及び福祉の確保を図るために講ずべき措置に関する指針」（2020年1月17日告示、同年4月1日から適用。以下、指針）を告示した。本稿では、改正・給特法の内容と意義、そして、それを踏まえた学校の取組の基本的課題を考える。

「働き方改革推進法」と学校の働き方改革
上限規制だけでなく健康確保の留意も

　学校における働き方改革のトリガーは、2016年教員勤務実態調査で明らかになった長時間勤務の深刻な実態と政府の働き方改革の推進であった。政府の働き方改革の取組は、「働き方改革を推進するための関係法律の整備に関する法律」（2018年6月29日成立、同年7月6日公布。以下、「働き方改革推進法」）として具体化され、同法は2019年4月から施行されている。

　「働き方改革推進法」とは、労働関係の八つの法律改正の総称である。労働基準法の改正では、初めての刑事罰を付与した時間外労働の上限規制が設けら

れたことが注目され、労働法の世界でも70年に一度の大改正とまで言われている。ただ、時間外労働の上限規制の外にも重要な改正が多く行われている。例えば、年休の時季を指定した取得の義務付けで、使用者は年次有給休暇の日数が10日以上ある勤労者については年5日を時季を指定して取得させることが義務となった（改正・労働基準法39条）。労働安全衛生法、同施行規則の改正も重要である。これまで、勤務時間の管理は、厚労省通知で要請されていただけで法的義務付けはなかったが、今回の改正で客観的で適切な方法による勤務時間の管理が法的に義務付けられた。また、職場の労働安全衛生体制をより強化するために法令の整備が図られた。学校の労働安全衛生体制については、これまでも労働安全衛生法、学校保健安全法で、50人以上の勤労者がいる職場では、衛生管理者や産業医の必置、衛生委員会の設置、ストレスチェックの実施義務、1か月の時間外勤務が100時間を超えかつ疲労蓄積がある者、ストレスチェックで高ストレス者として認定された者は医師の面接指導を受けること等とされていた。ただ、従来は、勤労者が50人以下の職場では、それらが努力義務に留まっていたこともあり、小規模校が多い小・中学校では、職場の労働安全衛生体制が十分整っていない実態があった。今回の改正を受けて、文部科学省は、教職員数50人以下の小規模校に

おいてもそれらを義務付ける指導をするとしている。また、医師の面接指導を義務付ける時間基準も旧来の1か月の時間外勤務100時間から80時間と見直した。実際、文部科学省の指針でも、教育委員会が講ずべき重要な取組課題として、「教育職員の健康及び福祉を確保する」ことが強調されている。

元々、労働法における労働時間規制の目的は、①ワーク・ライフバランスと②健康確保にある（石嵜2019）。今次の働き方改革が、時間外労働の上限規制とともに勤労者の健康確保、健康被害防止も重視している点は、これまで教職員の勤務時間の管理だけでなく健康確保についてもルーズな面があった学校ではしっかり確認しておく必要がある。

改正・給特法の内容と意義
指針と1年変形労働時間制

「働き方改革推進法」は、原則的に、国公私立全ての教員に適用される。ただし、公立学校の場合、特別法の給特法により給与その他勤務に関して労働基準法の一部適用を除外されているため、時間外勤務の上限設定や客観的で適切な方法による勤務時間の管理等のあり方をその特例的な法制度に沿って改めて設計し直す必要があった。そうした法制度の見直しの選択肢として、給特法自体を廃止するという選択肢も当然あり得たが、給特法廃止に要する膨大な追加財源の捻出の難しさもあり給特法廃止の政治的合意を形成するまでに至らなかった（小川2019）。そのため、政府（中教審）の検討では、現行の給特法の維持を前提にした法制度の見直しにならざるを得なかった。

今次の学校における働き方改革に関する国の主な方策は、①業務の明確化・適正化による学校・教員の業務負担軽減、②指針の策定とそれに基づく自治体・学校への取組の要請、③1年単位変形労働時間

制の導入を自治体の判断で可能にしたことである。改正・給特法は、それらの取組を進めるための新たな仕組みづくりを目的としたものであった。

（1）ガイドラインの「指針」化

公立学校の働き方改革では、時間外勤務の上限規制と勤務時間管理のあり方、時間外勤務を抑制していく制度的措置を給特法下でどのような仕組みとして整えていくかが検討課題であった。給特法の改廃や追加財源を期待できない状況の下で考えられたのが、「公立学校の教師の勤務時間の上限に関するガイドライン」（2019年1月25日、以下、ガイドライン）であった。ガイドラインは、周知のように、①時間外勤務の上限を月45時間、年360時間と設定、②従来、教員の「自発的行為」と扱われてきた超勤4項目以外の業務も含めた勤務時間を在校等時間という外形で把握し勤務時間管理の対象にすること等を示した。ただ、ガイドラインに対しては、以下のような疑問・批判があった。

従来、教員の「自発的行為」と扱われてきた超勤4項目以外の業務の時間外勤務を在校等時間として可視化し勤務時間管理の対象にしたことは、確かに一歩前進である。しかし、在校等時間が法定労働時間やガイドラインが設定する上限を超えても、時間外勤務手当等の支給といった金銭的措置や振替休暇の措置が伴わないため、結局、従来の「ただ働き」の仕組みが継続するだけではないか。在校等時間という概念で勤務時間管理をするメリットが分からない。また、ガイドラインには法的拘束性が無いため形骸化するのではないか。

確かに、在校等時間という考え方は、労働基準法上の「労働時間」（地方公務員法上の「勤務時間」も同じ）と違い、それが法定勤務時間等を超えた場合でも金銭的措置や振替休暇の措置が伴わないという問題が残る。しかし、それでも在校等時間を勤務時

間管理の対象にしたことの意味は以下のように大きいと考えられる。

① 在校等時間として時間外勤務が可視化され客観的データとして公になることで、今後、時間外勤務がどのような取組でどの程度削減されたのか、あるいは、削減されなかったのか等を検証し、教育政策のPDCAサイクルに乗せて今後の働き方改革の諸方策―例えば、教職員定数の改善等―に活用できる体制がはじめて整備されること

② 従来、長時間の時間外勤務を行ってもそれが「自発的行為」と扱われてきたことで、これまでなかなか認定が難しかった公務災害も認定されやすくなること

ガイドラインに法的拘束性が無いため形骸化するのではないかという指摘に対しては、文部科学省が、改正・給特法でその内容を指針として同法に根拠規定を設けたことで法的に担保された。その改正により、自治体（教育委員会）は指針を参考に方針等を条例、規則等で策定することが要請され、方針等の上限の目安時間を超えた場合には、事後的に検証を行うことが求められる等、教育委員会や学校は、在校等時間を削減する行政上の責任を負うことになった。また、従来、公立学校に関する調査、監督の機能が不十分であると批判されてきた地方公務員の労働基準監督機関である人事委員会等についても、指針が、都道府県・政令市では人事委員会と連携を密にして監督体制を整え、人事委員会がない市町村には、公平委員会や市町村長が監督機関として教育委員会と連携し、方針等を共有しつつ、求めに応じて必要な報告などを行うことを要請していること等、労働基準監督機関との連携強化を促していることも重要である。

(2) 夏季長期休業期間の休日まとめ取りをし易くする１年変形労働時間制

１年単位変形労働時間制に対しては、学校現場における長時間勤務の現状のままで導入した場合には教員の勤務をさらに酷くさせるとか、学校の閑散期とされる夏等の長期休業期間も部活や研修等の業務等が多いためその期間中に休日の取得は難しい、あるいは、学校現場の意向や子育て・介護等を抱える教員個々の諸事情に配慮せず働きづらい状況をつくりだすのではないか等々の疑問、批判が聞かれた。

国会審議では、政府・文部科学省も、１年単位変形労働時間制の導入の前提として、業務の明確化・適正化の取組で時間外勤務を大幅に減らすことと休日のまとめ取りを想定している夏季休業期間の勤務形態を大幅に見直すことが必要であると明言している。そのため、今後、省令で時間外勤務が月45時間以下、部活動ガイドラインの休養日や活動時間の基準遵守等といった導入を可能とする要件を定めるとともに、１年単位変形労働時間制の運用を夏季休業期間の休日まとめ取りに限定し、学校の繁忙期である４月、６月、10月のような３か月に限り週３時間程度の所定勤務時間の延長により年40時間程度の所定勤務時間延長を図り、夏季休業期間に５日間程の休日まとめ取りをできるような仕組みとして運用するとしている。また、導入の際には、使用者側の都合を優先した一方的な導入にならないよう条例で定めること、職場の意向、教員個々の諸事情に十分に配慮するよう職員団体との交渉と書面協定での合意を認めており、子育て・介護等の諸事情を抱える教員には適用しない選択肢もあること、制度の運用が国の要件に沿って行われているかを人事委員会、公平委員会が監視監督する体制づくりを進めるとしている（小川2020）。

「応急処置」としての改正・給特法
３年後の本格的制度見直しに向かって

今次の改正・給特法は、教員の長時間勤務の改善

に向けた「応急処置」であり、今後の取組の延長線上に、３年後に、再度、法制度の本格的な見直しの機会が来ると考えている。萩生田文部科学大臣も、改正・給特法の国会審議で次のように答弁している。

「今回の法改正案においては、言わば応急処置として勤務時間かどうかを超え校務に従事している時間を在校等時間として位置付け、まずはこれを月45時間、年360時間という上限をターゲットに縮減する仕組みを御提案させていただいております」「今回の法改正で働き方改革は終わりではなく、むしろ始まりであります。この応急処置の実効性を高めつつ、これから省内でも検討チームを設けて、しっかり教師にふさわしい処遇の在り方の検討を重ね、３年後に実施される教師の勤務実態状況調査を踏まえて、給特法などの法制的な枠組みについて根本から見直しをします。その際、現在の給特法が昭和46年の制定当初に想定されたとおりには機能していないことや、労働基準法の考え方とのずれがあるとの認識は見直しの基本となる課題であると受け止めており、これらの課題を整理できる見直しをしてまいります」（参議院文部科学委員会2019年12月３日）

　指針それ自体は、教育委員会や校長等に特定の義務を課すものではないし罰則規定もあるわけではない。しかし、指針は、服務監督権者の教育委員会が、教育職員の健康及び福祉の確保を図るために一定の措置を講ずる責務があることを前提に、法令上義務付けられた客観的な勤務時間の状況の把握や休憩時間及び休日の確保等はもとより、業務分担の見直し・適正化や必要な環境整備等の在校等時間の長時間化を防ぐための取組、在校等時間の上限時間の設定、上限方針を条例・規則等において定めることなど、指針に記載されている取組を適切に実施する責務が各教育委員会にはあるとしている（文部科学省2020）。教育委員会は、そうした行政責務の下、学校や教員が仕事に振り分ける時間は有限であり、限

られた勤務時間内に何を優先してどの業務にどれだけの時間を配分するかを学校ごとに明確にしていく作業を求めていく必要がある。学校では、校長の経営方針とリーダーシップの下に、勤務時間の客観的で適切な方法による管理を行い教職員の勤務時間データを分かりやすく編集し可視化して、全員で勤務実態を把握し、問題の共有、課題の析出、取組方針の確認、実践というPDCAサイクルを回しながら教職員間での議論を起こし、働き方改革の当事者意識を喚起させていく取組が求められる。そうした取組と並行して、学校の実情に応じて、教職員の勤務態様に規制やルールを設けたり、業務の廃止やアウトソーシング、効率化等の手法を適切に組み合わせて相乗的に業務量の軽減と時間外勤務の抑制を図っていく方策を考えて取り組んでいく必要がある。

　自治体、学校でのそうした取組と成果、課題が、３年後の給特法や勤務体制の本格的見直しの際の検証にしっかり生かされることを期待したい。

[引用文献]

- 石嵜信憲編著『改正労働基準法の基本と実務』中央経済社、2019年
- 小川正人著『日本社会の変動と教育政策』左右社、2019年
- 小川正人「変形労働時間制に関する提言—教員の健康確保のために休暇取得の工夫の選択肢の一つとして制度の活用を」『総合教育技術』2020年２月号、小学館、2020年
- 文部科学省「指針に係るQ&A」（2020年１月17日）

Profile

おがわ・まさひと　東京大学大学院教授を経て2008年から放送大学教授。東京大学名誉教授。中央教育審議会副会長、同・初等中等教育分科会長、同・働き方改革特別部会長等を歴任。主著に『日本社会の変動と教育政策—新学力・子どもの貧困・働き方改革』（左右社）、『教育改革のゆくえ』（ちくま新書）など。

実務から教養まで。新教育課程に向けて、今なにをすべきかがわかる待望のシリーズ！

スクールリーダーのための12のメソッド

学校教育・実践ライブラリ

A4判、本文100頁（巻頭カラー4頁・本文2色／1色刷り）

ぎょうせい／編

各 巻 定 価（本体1,350円＋税）各巻送料215円

セット定価（本体16,200円＋税）送料サービス

2019年4月より
毎月下旬発行
全12巻

現場感覚で多彩な情報を発信

日々の学校づくり・授業づくりをみがく理論と実践のシリーズ

最重要課題を深く掘り下げる　各月特集テーマ

❶（4月配本）	学校の教育目標を考えてみよう ～学校目標から学級目標まで～
❷（5月配本）	評価と指導 ～全面実施直前・各教科等の取組課題～
❸（6月配本）	これからの通知表のあり方・作り方を考える
❹（7月配本）	働き方で学校を変える ～やりがいをつくる職場づくり～
❺（8月配本）	校内研修を変えよう
❻（9月配本）	先進事例にみるこれからの授業づくり ～「見方・考え方」を踏まえた単元・指導案～
❼（10月配本）	思考ツールの生かし方・取組み方 ～授業を「アクティブ」にする方法～
❽（11月配本）	気にしたい子供への指導と支援 ～外国につながる子・障害のある子・不登校の子の心をひらく～
❾（12月配本）	特別活動のアクティブ・ラーニング
❿（1月配本）	新課程の学校経営計画はこうつくる
⓫（2月配本）	総合的な学習のこれからを考える
⓬（3月配本）	次代を見据えた学校教育の論点

＊送料は2019年9月時点の料金です。

●本書の特長●

① **"みんなで創る"**
授業づくり、学校づくり、子供理解、保護者対応、働き方……。
全国の現場の声から、ともに教育課題を考えるフォーラム型誌面。

② **"実務に役立つ"**
評価の文例、校長講話、学級経営、単元づくりなど、現場の「困った！」に応える、
分かりやすい・取り組みやすい方策や実例を提案。

③ **"教養が身に付く"**
単元とは、ユニバーサルデザインとは、など実践の土台となる基礎知識から、
著名人のエッセイまで、教養コーナーも充実。実践はもちろん教養・癒しも、この1冊でカバー。

●充実の連載ラインナップ●

創る create
●田村学の新課程往来【田村　学〈國學院大學教授〉】
●学びを起こす授業研究【村川雅弘〈甲南女子大学教授〉】
●講座　単元を創る【齊藤一弥〈島根県立大学教授〉】　ほか

つながる connect
●UD思考で支援の扉を開く　私の支援者手帳から【小栗正幸〈特別支援教育ネット代表〉】
●学び手を育てる対話力【石井順治〈東海国語教育を学ぶ会顧問〉】
●ユーモア詩でつづる学級歳時記【増田修治〈白梅学園大学教授〉】　ほか

知る knowledge
●解決！　ライブラちゃんのこれって常識？　学校のあれこれ
●本の森・知恵の泉【飯田　稔〈千葉経済大学短期大学部名誉教授〉】
●リーダーから始めよう！　元気な職場をつくるためのメンタルケア入門【奥田弘美〈精神科医・産業医〉】

ハイタッチな 時空間を味わう
●[カラー・フォトエッセイ] Hands〜手から始まる物語〜【関　健作〈フリーフォトグラファー〉】
●[エッセイ] 離島に恋して！【鯨本あつこ〈NPO法人離島経済新聞社統括編集長〉】
●[校長エッセイ] 私の一品〈各地の校長によるリレーエッセイ〉

●全国の先生方の声を毎月お届け●

ワンテーマ・フォーラム──現場で考えるこれからの教育

旬のテーマについて毎回、4〜5名の教職員が意見や想いを寄稿。
他校の取組のリアルや、各地の仲間の生の声が日々の実践を勇気づけます。

テーマ例

・今年頑張りたいこと、今年のうちにやっておきたいこと（4月配本）
・地域を生かす学校づくり・授業づくり（6月配本）
・外国語（活動）──うまみと泣きどころ（7月配本）
・子どもの感性にふれるとき（10月配本）

●お問い合わせ・お申し込み先
㈱ぎょうせい
〒136-8575 東京都江東区新木場1-18-11
TEL：0120-953-431／FAX：0120-953-495
URL：https://shop.gyosei.jp

Hooray!
〜わたしのGOODニュース〜

雅楽師

東儀秀樹

　小中学校や高校の芸術鑑賞教室で雅楽の演奏やレクチャーをよく頼まれます。いろいろな仕事をしていますがこれはとても好きな仕事です。このような鑑賞会はお金を出してわざわざ観に出向くというものではないので、生徒の中には「退屈そうだけど学校行事だからしかたなく行く」というスタンスも多いのです。始まる前から居眠りしている生徒もいたりします。でもそんなものでしょう。芸術や音楽などは強制して観せるものではないのですから。でもそんな中でも、もしその場で初めて興味をもつきっかけが生まれたらとてもステキなことです。それにはいろいろな空気を作ることが大切です。聞かされるのではなく、聞きたくなっちゃう、そしてもっと先を見たくなっちゃうキッカケが生まれればいいのです。そしてそのキッカケというのはいろいろな形から生まれます。もともと興味をもたない子に当たり前の授業のように説明を始めても退屈なだけです。

　僕は雅楽の説明を始めるよりもいきなり「みんな、ジャニーズの嵐、好き？」と始めたりします。「実はマツジュンとは知り合いでね……」と始めると、居眠りしようとしていた子たちも興味津々で目を輝かせます。実際に嵐のメンバーに会ったいきさつや嵐のアルバムに僕が参加している話などをするとみんな乗り出してきます。そこでみんなが好きそうなポップな曲を篳篥（ひちりき）で演奏したりすると、もうその楽器や、僕の説明に興味をもって注目してくれます。そこから日本の文化、歴史、日本人の個性などの話を冗談をたっぷり交えて、時には生徒とタメグチのような口調も交えて展開して行くと会場がいつのまにかひとつになるのです。

先入観を覆す授業

　そうなるとみんなワクワクして大きく盛り上がります。曲に合わせて踊り出す子もいます。楽器を吹いてみたいという子も出てきます。感想を聞くと、ほとんどの子が「雅楽なんてつまらないものかもって思っていたけどこんなにステキなものだとは知らなかった。これからもっと知りたくなった」と言うのです。試してみたいという子にはその場で笙などにチャレンジしてもらいます。

　僕は「音楽や文化は自由なものなのだ、どんなものにもどんな人にも溶け込める要素がある。ジャンルで勝手に『無理』とか決めたりするのはもったいない。とにかく楽しいところから楽しめば後から何かがついてくる。自分には無理かどうか、一歩踏み込んでみると見えてくる。自分には合わないということもチャレンジした人は堂々と言えるけど知らないままの人は答えも出ない。人目を気にせず道は進んで作るもの。そうすると自分なりの個性も発揮できる」という話をします。

　また、日本人なら日本の内側を知っていることこそが実は外国人にとって理想の日本人、つまり語学力がなくても文化力は国際人の大きな要で、これは誰にでも簡単に胸を張れることなんだ、とも伝えます。鑑賞教室の最後にはホール中が沸き立ってアンコールの声も飛び交うのです。今まで伝統文化に興味をもっていなそうだった子供たちの価値観がみるみる変わってワクワクしていく瞬間に立ち会えるのです。そんな場を作るのはとても大きなやりがいを感じます。責任感も誇りも増す大好きな、大切なひと時なのです。全国の学校を行脚したい気持ちになります。

●Profile●

1959年東京生まれ。東儀家は、奈良時代から今日まで1300年間雅楽を世襲してきた楽家。父の仕事の関係で幼少期を海外で過ごし、あらゆるジャンルの音楽を吸収しながら成長した。宮内庁楽部在籍中は、篳篥（ひちりき）を主に、琵琶、太鼓類、歌、舞、チェロを担当。宮中儀式や皇居での雅楽演奏会をはじめ、海外公演にも参加し、日本の伝統文化の紹介と国際親善の役割の一翼を担ってきた。1996年アルバム「東儀秀樹」でデビュー。雅楽器のもち味を生かした独自の表現に情熱を傾ける。2019年8月、オリジナル作品や雅楽の古典曲を現代風にアレンジした作品、また、昨年世界中で人気が再燃したQUEENのカバー曲など東儀秀樹の世界観と魅力を存分に楽しめるアルバム『ヒチリキ・ラプソディ』をリリース。

本の森・知恵の泉
[最終回]

教育改革の本丸はどこにあるのか
『教育激変―2020年、大学入試と学習指導要領大改革のゆくえ』

 官僚劣化の遠因は教育か

　この対談は、新学習指導要領の導入、大学入学共通テスト実施を目前にした日に実施されたものである。2人の対談者は、自ら大学の教壇に立ち、従来から教育問題を取材し続ける池上彰氏（ジャーナリスト）、そして、主体的な学びを体現する佐藤優氏（作家・元外務省主任分析官）である。

　日本の教育の問題点を突き、教育改革について解き明かそうとする。1章から4章までは2人の対談。以後は山本廣基氏（大学入試センター理事長）が加わって、池上・佐藤両氏との鼎談となる。

　さて、最近気がかりであることは、政治家や官僚の劣化が、いくつも指摘されることだ。特に官僚は、エリートと呼ばれる層。これを生んでしまったのは、この国の教育に遠因があるかと思えてくる。

　上級官僚の供給源となっているのは、一流大学と世間が呼ぶ学校。基本的に恵まれた環境で育ち、子どものころから塾通いをして偏差値の高い学校で学び、ずっと同種の人ばかりのコミュニティで育つ。頭はいいし、性格もよろしいかと思うものの、世間のことはわからない。優れた高校生は、品性も申し分なしなどとは幻想か。

　最近は、6年制中等教育学校が人気ありと聞く。これも、一流大学直進をねらってか。大学合格率ばかりを目的としたような学校は、受験予備校と呼ぶのかと思ったら、本書では"受験刑務所"と呼んでいる。そうなると、卒業は刑期満了とでも言うのだろうか。6年制中等教育学校が、受験刑務所となる

ことを憂えてもいるが、そうなってはならない。

 主体的・対話的で深い学び

　学校が、受験刑務所になってはならないのが教育改革。"主体的・対話的で深い学び"を今から目指そうとしているのだ。そこでまず考えたいのがAI（人工知能）だろう。AIと教育を論じたのは、新井紀子氏（国立情報学研究所教授）の『AI vs. 教科書が読めない子どもたち』だ。本書では、この本を取り上げて論じる。本誌でも、新井氏の『AIに負けない子どもを育てる』をVol.9の本欄で、"意味ある学びをすることの必要性"として紹介した。

　AIに真似のできない力を育むためにどうするかが、これからの教育の課題の一つなのではないか。学力の3要素（①知識・技能、②思考力・判断力・表現力、③主体性をもって多様な人々と協働して学ぶ態度）を、的確に捉える。そして、「何を学ぶか」「何ができるようになるか」とともに、「どのように学ぶか」の、"学び方"そのものに指針が明示されたことに着目する。

　これはアクティブ・ラーニングとして紹介されたこと。文部科学省のいう"主体的・対話的で深い学び"が、これからの教育では求められる。ここで気がかりなことは、教師の側が、アクティブ・ラーニング式に学んできていないことである。こうした授業を受けて育ってきていないから……。教師がアクティブでなかったら、"主体的な学び"になるまい。それに加えて、児童生徒が基礎的な学力不足があるなら、対話的で深い学びは空疎なものになる。

『教育激変―2020年、
大学入試と学習指導要
領大改革のゆくえ』
池上　彰・
佐藤　優 著
中央公論新社

いいだ・みのる　昭和8年東京・小石川生まれ。
千葉大学で教育学を、法政大学で法律学を学ぶ。
千葉大学教育学部附属小学校に28年間勤務。
同校副校長を経て浦安市立浦安小学校長。62
年4月より千葉経済大学短期大学部に勤務し教
授、初等教育学科長を歴任。この間千葉大学、
放送大学講師（いずれも非常勤）を務める。主
著に『職員室の経営学』（ぎょうせい）、『知って
おきたい教育法規』（光文書院）、『教師のちょっ
としたマナーと常識』（学陽書房）、『伸びる芽
育つ子』（明治図書）ほか共著・編著多数。

千葉経済大学短期大学部
名誉教授

飯田　稔

　アクティブ・ラーニング、これからは深い学びだと口にすることは簡単だが、それを実現するのは容易なことであるまい。とかく教育改革のお題目を唱えがちな人は、このあたりに気をつけることだ。

 ## 学び方を改めることの大事さ

　学び方として注目されているのは、アメリカの"反転授業"である。従来の授業を受けてから復習する学習法を、文字どおり反転させる。教師がはじめに授業のVTRを作り、子どもはあらかじめそれを見て授業に臨む方式である。これは、注目したい学び方だ。

　「主体的な学び」とは、学ぶことに興味・関心をもち、見通しをもって粘り強く取り組み、学習活動を振り返りつつ、次につなげていくこと。「対話的な学び」とは、知識伝達・講義型授業でなく、学び方が教師や他の生徒や地域の人との対話や協働などを通して、理解を深め、思考力を高めること。そして、「深い学び」とは、学びの過程（習得・活用・発見）のなかで、問題を見出して解決策を考えたり、思いや考えをもとに創造したりする力を養うことである。

　こうした学び方を採用する考えの根底にあるのは、特に高校の授業が知識伝達型にとどまっていることへの危機感であろう。卒業後の大学での学びや、社会に出てからの生活に役立つ学びになっていないからでないか。

　エリートを育てることは、"真のエリート"を育てることであろう。「ノブレス・オブリージュ」の道徳観・倫理観が必要でないか。単に、エリート意識をもっただけの人を育てることではないはず。本書には、かつての国立大学入試の一期校、二期校問題や、オウム真理教幹部が高学歴揃いであったことなどが登場、さらには宗教教育の必要性も論じられる。読んでおきたい内容だ。

 ## 大学入試改革

　大学入試について、AI時代に相応した教育を目指す2020年度入試改革であると語る。そして、大学入試・入試準備には、現場では三つのベクトル（高校、大学、受験産業）が動くことや、「文理融合」を本気で考えるべきであると論じる。

　さらに、「記述式の導入は高校生へのメッセージである」ことや、「英語の試験に『話す』は必要か」も論じられる。だが、国語と数学の記述式試験と英語入試に民間の力を利用することは、当面取りやめとなった。これは、周知のことであるが（本書出版は、当面取りやめの決定以前）。

　小学校から始まって、中学、高校、大学と改革が進みがちだが、この国の教育状況では、大学とその入試のあり方がいつも問題となる。これをどうするかは、今次の教育改革で重要なことである。佐藤優氏は、教育社会学の研究者、竹内洋氏と『大学の問題　問題の大学』（時事通信社）で対談。この本も、本書とともに読むことをお勧めしたい。視界を広げることが、とても大事だから……。

連載総括「ストレス対処法の基本は3つのR」

精神科医（精神保健指定医）・
産業医（労働衛生コンサルタント）
奥田弘美

本連載も今回で最終回となりました。1年に渡ってメンタルヘルスケアについて基本から応用まで様々な内容をご紹介してきましたが、いかがだったでしょうか？

この最終回では、今までの連載を総括する意味もこめて、ストレスに対処するための基本の考え方として「3つのR」をご紹介したいと思います。

私たちの人生において、ストレスを避けて通ることは不可能です。手を変え品を変え日々発生する様々なストレスに対して、上手にそして効率的に対処していくためには、次の「3つのR」を順番に意識しながら行動していくことが大切です。

「Rest」（レスト）：休息と睡眠
「Relaxation」（リラクゼーション）：くつろぎ
「Recreation」（リクリエーション）：気晴らし

この3つのRは上から順番に行っていくことに重要な意味があります。それぞれ詳しく解説していきましょう。

まず1番目の「Rest（レスト）：休息と睡眠」について。

心や体にストレスを感じたときには、まずしっかり休息と睡眠をとり心身を休ませる時間をもちましょう。本連載の第6回と第7回にて詳細に解説しましたが、あらゆるストレスに対抗するための心の基礎体力は良質な睡眠と食事からつくられます。

睡眠と食事というと、体力づくりや疲労回復の基本ということは誰もが知っていますが、心の強さやストレス回復力にも大いに関係していることは意外に知られていません。

必要十分かつ良質な睡眠をとる間に、脳は日中に体験したストレスフルな出来事の記憶や感情を薄め、朝目覚めたときに前向きな気力や集中力を生みだします。また睡眠中に脳は学んだことや体験したことのなかから有益な記憶を定着させるため、目覚めたあとにストレスを解決するためのアイデアや行動が浮かびやすくなるのです。脳がこうした心のメンテナンス作業を行うためには、最低6時間、理想的には約7時間〜8時間の連続睡眠が必要だとされています。

さて脳がしっかり作業を行うためには当然ながらエネルギーが必要ですが、この脳のエネルギーを作る材料となるのが私たちが日々食べている食事です。例えばセロトニンやドーパミンといった心を安定させ冷静に思考したり、やる気を作り出したりする脳内物質の存在がわかっていますが、これらの脳内物質も全て私たちが食べている食事から作り出されています。バランスのとれた食事は体の体力をアップするだけではなく、はつらつと元気な心や学習能力、集中力といった脳の働きにも大いに影響しているのです。

過去の連載で解説したように、タンパク質（肉、魚、卵、大豆製品）、炭水化物（ご飯、パン、麺類など）と油脂類、ビタミン・ミネラル（野菜や海藻、果物類）などをバランスよく過不足なく日々摂取し、コンスタントに良質な栄養を届けてあげることが心と体の健康には欠かせません。

良質な睡眠と食事をしっかりとり、心身を正しく休める時間をもつことは、あらゆるストレスに対処していくための最も重要な基本です。この基本が抜けていると、いくらストレス解消に良いと言われる各種のリラクゼーション法やセラピーもほとんど効

●おくだ・ひろみ　平成4年山口大学医学部卒業。都内クリニックでの診療および18か所の企業での産業医業務を通じて老若男女の心身のケアに携わっている。著書には『自分の体をお世話しよう〜子どもと育てるセルフケアの心〜』（ぎょうせい）、『1分間どこでもマインドフルネス』（日本能率協会マネジメントセンター）など多数。

果が得られないのです。ストレスを感じたときには、まずはしっかりとRestを意識しましょう。

　Rest（レスト）がしっかりとれたならば、次に2番目の「Relaxation（リラクゼーション）：くつろぎ」を意識します。

　Relaxationとは、心身の緊張をゆるめゆったりとおだやかでかつ心地よい状態で過ごすことです。たとえばソファーでゆったりと寝そべって日光浴をする、気の置けない家族や親しい人と会話をゆっくり楽しむ、心地よい自然の中でのんびりすごす、体に負担のかからない程度のストレッチ、マッサージなどが、ここに入ります。本連載でご紹介したマインドフルネス瞑想も無理のない範囲で行うのは良質なRelaxationになります。

　ストレスが発生すると、全身の筋肉が緊張して血圧が上がり心拍が増え、精神状態がいつもより過敏になることがわかっています。だからこそ「ゆったりと心身の緊張を緩める時間」が必要になってくるのです。

　ちなみにネットゲームやSNS（TwitterやLINEなどのソーシャルネットワークシステム）、長時間のインターネット閲覧などに没頭するのは、リラクゼーションにはなりません。こうしたIT機器は目の神経を酷使して眼精疲労や肩こり、頭痛の原因になり、SNSなどでの浅く不安定な他者との交流は精神的な負担になります。ストレス発生時には短時間にとどめておくほうがよいでしょう。

　そしてRelaxationの時間が十分にとれたあとは、3番目の「Recreation（リクリエーション）：気晴らし」を楽しみましょう。これは、スポーツ、ガーデニング、コンサート、映画、ショッピング、旅行といった各種の遊びや趣味、娯楽の活動が入ります。若い人の中には、ストレスがかかると即、こうしたRecreationを行おうとする人がいますが、RestやRelaxationがとれていない状態で、遊びや娯楽、スポーツなどに興じても、さらに心や体の疲労を上乗せしてしまうだけです。

　私は産業医として様々な会社で社員のメンタルヘルスケアに関わっていますが、つい最近も、繁忙期でストレス度が高い長時間労働をこなしたあと、すぐに有休をとって海外旅行に出かけた社員が、帰国後に体調不良とメンタル不調に陥った例を経験しました。RestやRelaxationで心身の回復がないままに、海外旅行という楽しいけれども非日常が重なる「変化」「緊張」を体験したことで、心と体の体力が底をついてしまったのでしょう。

　まずは睡眠、食事を調え、しっかりRestをとって疲れた心身を癒したのちに、緊張を緩めるRelaxation時間を過ごし、そして余力や時間があればRecreationを楽しむという順序で、ストレスを解消していくことを心がけていきましょう。

　現代社会で忙しく働く皆さまは、平日はRestをできるだけ確保し、土日は心身の疲れ具合に応じて、Rest→Relaxation→Recreationを計画していただくと良いと思います。かくいう私自身も、疲れやストレスがたまってきたなと感じたら、土曜日はひたすら心身をリラックスさせてのんびり過ごし、日曜日に気力・体力が戻ったら遊びにでかけるという日々を送っています。この連載をお読みになった皆様が、ストレスを上手にコントロールされて、健やかで晴れやかな日々を送っていただけますようお祈りしております。

言葉と体験

子供が学ぶとき、私たちが意識しなければならない大切なものとして「言葉」と「体験」がある。この二つを使いながら、私たちは日々思考し、表現し、対象を認識しながら、自らの暮らしを豊かにする資質・能力を磨いていく。本連載の最後は、この重要なツートップのうち、「言葉」に目を向けて考えてみたい。

文章表現の価値

「言葉」には音声言語と文字言語がある。音声言語は、やや曖昧ではあるものの緩やかに広がりやすい特徴がある。それに比べて、文字言語は、明示され記録されることで明確になり自覚や認識を促す特徴がある。ここでは、この明示、記録、認識する機能をもつ文字言語について考えていく。

私が学級担任として実践をしていたころ、文章表現を重視していた。それは表現方法や表現内容を指導するというよりも、どちらかといえば「書いて書いて書きためる」ことを大切にしていた。この「文章に書く」という活動には、どのような意味があるのだろうか。

書くことによって、私たちは自らの思考を働かせる。様々な内言と言われる言葉を駆使し、つなぎ合わせ、自らの考えを構築していく。書くことが考え思考することを活性化することは、多くの方が経験済みのことであろう。また、書くことは、自らの考えや思考の過程、自らの状況を目の前に開示してくれることにつながる。頭の中にあり、なかなか自覚し認識することが難しい自らの状況を、眼前に並べてくれる。

この自らの思考や認識の状況は、文字言語によって記録され、保存される。それらは、学びの履歴と

なって様々に活用することもできる。あるいは、記録された文字言語は、時間や空間を超えて、他者に伝えたり、他者と共有したりすることをも可能にする。

活動や体験を確かな学びに

例えば、総合的な学習の時間では、豊かな体験活動を行う。しかし、ただ単に体験だけをしていては、子供たちにとって価値ある学びにはならない。「活動しっ放し」「やりっ放し」「やらせっ放し」という実態に陥ってしまうことが心配される。しかし、体験活動をした後に何をすればよいのかは、多くの実践者の方々が悩むところでもあろう。そこで、「体験したら書く」「活動したら書く」ということを丁寧に行うことをお薦めしたい。

活動後に文章に表すことで、子供は自分の活動をじっくりと見つめ振り返る。そして、感じたことを改めて自覚し認識する。牛を飼うことになった子供たちが、初めて牛に出会う場面では、牛の瞳の愛らしさ、細い脚、肌の温もりなどを感じる。しかし、そうした感覚は時間とともに忘れ去られてしまうので、出会いの直後に文章表現の時間を確保する。そうすることで、自分の発見や感覚を確かな認識にしていく。また、文章に記述することは、そこでの思考を促す。肌の温もりから、生きていることや生命を実感的にとらえたり、親牛と細い脚の子牛との比較から、成長への思いを巡らせたりする。実際の子供の作文を紹介する。

「子牛がやってきた。トラックの荷台に乗って。二頭は寄りそうようにしてトラックのすみに立っていた。やっぱり不安なのだろうか。

たむら・まなぶ　1962年新潟県生まれ。新潟大学卒業。上越市立大手町小学校、上越教育大学附属小学校で生活科・総合的な学習の時間を実践、カリキュラム研究に取り組む。2005年4月より文部科学省へ転じ生活科・総合的な学習の時間担当の教科調査官、15年より視学官、17年より現職。主著書に『思考ツールの授業』（小学館）、『授業を磨く』（東洋館）、『平成29年改訂 小学校教育課程実践講座　総合的な学習の時間』（ぎょうせい）など。

田村　学
國學院大學教授

私は、足が細いのにおどろいた。牛って言えば、大きなイメージがある。石平牧場で見た牛は、とても大きかった。こんな子牛が、どうやってあんなに成長するのだろうか。どのくらい食べるのか、ちょっと想像がつかない。私たちに世話できるのか、ちょっぴり不安にもなった。（中略）だけど、二頭はとってもかわいかった。目はくりくりとしていて、私を見ているようだった。ちょっとさわってみたら、あったかくてふわふわしていた。二つの命を預かることになったんだという、責任を感じた。私たちにできるのだろうか。期待と不安の出会いだった」

こうした作文を書くことができるのも、心に響く豊かな体験があったからだと考えられる。

対話や話し合いを確かな学びに

話し合い活動の後に文章を書くことで、話し合いという活動を一人一人の確かな学びに変えていくことができる。ボランティアについて話し合った後の子供の作文を紹介する。

「ぼくは、二人の考えを聞いて、そうだなって思いました。でも、私の考えとは全然違うことに気付きました。みんなは、障害のある人や外国の人などに分けて考えていました。ぼくは、人は人でみんな一緒なのだから、人間全員は同じように考えたいと思ったのです。人間なんて世界中にいっぱいいます。それぞれに違うのは、当たり前です。（後略）」

話し合い活動では、すべての子供が発言するわけではない。だからといって、発言しなかった子供が何も考えていなかったわけではない。友達の意見を聞きながら、じっくりと考えていることは多い。書くことによって、複数の友達の活動や体験をつないで思考していくのであろう。子供は、それまでの活動や体験の積み重ねを言葉にし、その言葉を関連付けて思考していく。次に紹介するのは、たくさんの人との出会いを通して学んできた子供の作文である。

「活動をしながら気が付いたのです。川も山も自然なのですから、この前来てくださったウッドワークの高橋さんと青田川を愛する会の猪俣さんとは同じ自然を愛する人だと。それに国語の教科書に載っている『海のいのち』の作者だってそうです。海が好きで、自然が好きだから海をテーマにしているのではないでしょうか。（中略）私は、人間は何か似ているところがあると書いてきましたが、その何かの例を挙げるとすれば、この3人のように自然を愛する心だと思ったのです」

自らの考えを創り上げる

文章に表現する中で、子供は自分の力で考え、自分の考えを生み出し、創り上げていく。自分自身の力で、自分自身の考えを確かにしていく。

今、全国の学校では、「主体的・対話的で深い学び」の視点による授業改善が熱く展開されている。そこでは、活動や体験だけに終始してしまう授業、表面的な意見交換で終わってしまう授業も散見される。重要なのは、活動や体験、話し合いが、一人一人の子供にとって確かな学びになることであろう。そのためにも、言葉を使うこと、文字言語を積極的に活用することが重要なポイントとなってくる。

東京学芸大学准教授
末松裕基

感じる学校経営

今回がこの連載の最終回です。「カリキュラム・マネジメントの話はいつするのか」「学校経営となんの関係があるのか」、読みながらそうお思いになった方もいらっしゃるでしょうか。もしくは、読んでいるうちに、そのようなことも忘れ、「あっそうか、学校経営やカリキュラムはこのような視野から問わなければならないのか」と思っていただけたでしょうか。

カリキュラムは語源をたどると人生の来歴を意味するほど、奥深い言葉です。言葉が軽視される時代だからこそ、この連載では言葉にこだわってきました。

◆言葉が生まれるところ

言葉との向き合い方が軽薄になりがちな時代だからこそ、真剣に向き合うための方法を読書や本という敬遠されがちな、そしてその継続には鍛錬が必要になるものを何度も何度も取り上げました。それは言葉が生まれる瞬間に真摯に立ち合ってほしかったからです。

私自身、この一年間も非常によい勉強の機会になりました。昨年度の連載がこれまで考えてきたことをいかに伝えるかということを重視したとすれば、今回の連載は、一緒に考えたいと思うことを同時進行でさまざまな文献に触れるなかで言語化し、私も言葉を生み出していくことに苦心したという感じです。

芸術家の横尾忠則さんが「書くことは、時には気分転換になったり休息になる……文章は日頃拡散した思考を一個所に集める作業で、ぼくは本を読むより書く方に、時間を多く使っているようだ」（『横尾忠則の画家の日記』アートダイジェスト、1978年、85頁）と述べています。

彼のように愉しんで、この連載をすんなり書けたわけではありませんが、私にとってはとても大切な時間でした。

ちなみに、横尾さんは相当に本を買われるそうですが、「10冊に1冊読んだらいい方だろう。読むことが重要ではなく、買うことが重要なのだ。本を買うことも、やはり思考を一個所にたぐり寄せる役割を果たしてくれる」と指摘しています。

このように読む行為を広くとらえていただくことにも本連載は意識してきました。ついでに触れると、横尾さんは、書斎の整理を日課にしているそうで、本の整理が自分の考えを整理することになるとして、ある日のことを次のように書いています。

「午後再び書斎の整理。本の整理は考え方の整理になり自分自身を振り返ってみるチャンスでもある」「本日は日曜日。10時から1時半まで3時間30分、書斎の整理。残す本、捨てる本、迷う本という具合に、自分が今何を必要とし、何を不必要としているかがこの行為を通して確認できる」（95-96頁）。

●すえまつ・ひろき　専門は学校経営学。日本の学校経営改革、スクールリーダー育成をイギリスとの比較から研究している。編著書に『現代の学校を読み解く―学校の現在地と教育の未来』（春風社、2016）、『教育経営論』（学文社、2017）、共編著書に『未来をつかむ学級経営―学級のリアル・ロマン・キボウ』（学文社、2016）等。

◆上から与えられる不思議な現象

　「教育課程」が行政用語であるのに対して、「カリキュラム」は研究用語です。「教育課程」が法制度の計画とその遂行を重視するのに対して、「カリキュラム」は子どもが実際に学んでいる学習経験の総体とその評価・分析を重視します。後者では、現場主義や関わる者の能動性、つまり当事者が自らの言葉や思考をもつかどうかが鍵になります。

　では、今の教育現場はどうでしょうか。ある日突然、政策的に「カリキュラム・マネジメント」が降ってきたら、それに無批判に応じるのでしょうか。主体性や自由度を含意する言葉が上から降ってくるというこの矛盾に、現代の学校経営の難しさと醍醐味があるわけです。

　私が言葉やそれが生まれる瞬間、そしてそれを形成していく方法としての読書にこだわってきたのはそのためです。言葉に正しさや正解はありません。研究も限られた条件で限られた結論を得るだけですので、それは広く言うとフィクションの世界です。正解がないと不安になって救済を求めたくなりますが、この連載で言ったように人の生き死にに正解はありません。私たちは非救済という形で救済されているとも、本を読むと指摘されていることに気づきます。人間形成についての安易で稚拙なフィクションくらい、皆さん乗り越えましょう。政策や行政が悪いと言いたいのではなく、所詮、その程度のものしか大きな物語は言えません（思考が不要なのでそれに従う誘惑もありますが、そんな物語＝フィクションに乗っかって生きていくとろくなことにならないのは歴史が証明しています）。個々の生の物語を共に紡いでいける点で、教育は皆さんが知っているようにダイナミックな行為ですし、賭けにも近いハラハラ、ドキドキの危うさをともなうおもしろいものです。

　さて、ぼちぼち終わりが近づきましたが、最近読んだ詩人の高橋順子さんのエッセイ『夫・車谷長吉』に、小説家・車谷さんが、生前、結婚前に高橋さんに送った手紙が紹介されています。「私はいま言葉というものに出逢ったことを、本当によかったと感謝しております。これがなければ、人間であることに堪えられなかったかもしれないと思うのです」（文藝春秋、2020年、54頁）。私もそのような一人です。最後に最近何度も朗読している詩を掲載して、本連載を終了します。一年間どうもありがとうございました（野村修さんによる1971年の訳です。「前衛」は「リーダーシップを取る」に置き換えられます。原語はドイツ語ですが、音楽と同じですので得手不得手に関係なく原語全文にも触れてみてください）。

「学習をたたえる」　　ベルトルト・ブレヒト

学ぶのだ、誰でも知るべきことを。
時代をいま、にないとろうとする者が
学ばずにいていいものか。
　　　（中略）
知識を手にいれろ、こごえる者よ
飢える者よ、本を手にとれ、本も武器のひとつ。
きみは前衛とならねばならぬ。

同志よ、しりごみせずに質問するのだ、
ひとのことばを受け売りせずに
じぶんで考え、確認することだ、
きみがじぶんで確認せぬものは
わかったもののうちにはいらぬ。
勘定書を検算しろ、
支払いをせまられるのはきみなのだ、
内訳のひとつひとつに指さきをあて
きいてみろ、この金額はどうしてだ、と。
きみは前衛とならねばならぬ。

学校における人材育成のポイント

●本稿のめあて●

学校現場の人材育成について、最終回となる本稿では、これまで取り上げてきた制度的な視点からではなく、教員の自己改革や管理職の働きかけなどから人材育成のポイントをみていきます。

これまで本連載では、「学校現場の人材育成」について、新任教員、先輩教員、学校管理職や指導主事に焦点を当ててみてきました。学校現場には、様々な年齢や経験が異なる教員が集まっています。こうした多様な教員集団が学校現場にあるというのは、今に始まったことではありません。

多様化・複雑化した教員集団

年齢や経験だけではなく、公立学校の場合は、教員や管理職の異動も定期的に行われていますので、多様でありながらも、常に一定の教員集団の状態が長く続くことは極めて稀なことです。つまり、人事異動によって、その多様な教員集団がさらに複雑化していくことも起きます。

こうしたことに加えて、主幹教諭、指導教諭、副校長という職層を学校現場に導入して教員集団をライン・スタッフ化した学校現場の変化も見逃せません。この変化は、校長のガバナンス機能の強化と教員の学校経営の参画にその意義を求めることはできますが、年齢や経験に裏打ちされた教員がこうした職層に就くことが何よりも肝心なことであり、もしそうでないと、ただでさえ多様化・複雑化した教員集団を束ねることができなくなります。

このようにみてくると、学校というところは、企業とあまり変わらないではないかと言う方もあろうかと思います。ただ、学校が企業と根本的に異なっていることは、特に小学校以外の学校では、複数の教員が一人の子供の教育に当たるところにあります。それも、ある場合は学級担任であるA先生が、ある場合は、英語の授業を担当するB先生、さらには、生徒指導を担当するC先生、部活動を担当するD先生といった具合で、かなり多くの年齢や経験の異なる先生方が、一人の子供を指導することになります。子供にとってみれば、多くの先生方の指導で成長していくわけですから、望ましいことです。

年齢や経験などが多様であることは、つまり、一人一人の教員の個性が多様であることとも言えます。子供の成長にとってみれば、様々な個性の教員の下で指導を受けることができる利点があります。中学校を例にしますが、一人の生徒から見れば、学ぶべき教科が九つありますので、それぞれ曜日や時間帯は異なるものの、9人の教員から授業を受けています。

個々の教員の個性は個性として尊重されるべきかと思いますが、やはり、何と言っても、こうした一人一人の教員の資質能力の向上、いわゆる人材育成が重要となってきます。このため、法令上も設置者が教員の研修計画を立て、研修を実施しているわけです。最近では、教育公務員特例法等の改正があり、各教育委員会では、「校長及び教員としての資質の向上に関する指標」を定め、それに沿った研修をしています。

長年、学校現場の教員、教育委員会の指導主事、校長を経験してきた私からみると、教育委員会で主催する研修によって、教員は育つとは思いますが、やはり、現場である学校における教員一人一人の自発的・主体的な取組と管理職の意図的・計画的な取組が、人材育成には不可欠であり、最重要視しなければならないと考えます。

たかの・けいぞう　昭和29年新潟県生まれ。東京都立京橋高校教諭、東京都教育庁指導部高等学校教育指導課長、都立飛鳥高等学校長、東京都教育庁指導部長、東京都教育監・東京都教職員研修センター所長を歴任。平成27年から明海大学教授（教職課程担当）、平成28年度から現職、平成30年より明海大学外国語学部長、明海大学教職課程センター長、明海大学地域学校教育センター長を兼ねる。「不登校に関する調査研究協力者会議」委員、「教職課程コアカリキュラムの在り方に関する検討会議」委員、「中央教育審議会教員養成部会」委員（以上、文部科学省）を歴任。

明海大学副学長
高野敬三

教員が自己の資質能力を伸ばすポイント

（1）子供から学ぶ

　教員になって1年目は初任者研修など研修の機会はあり、自己啓発はできやすい環境にありますが、その後はどうでしょうか。何とかしなければと苦悶して、様々な手法を試す時期もありますが、次第に、子供の学力が伸びないのは自分のせいではなく、そもそも子供が勉強しないからだ、子供が言うことを聞かないのは、家庭に問題があるからだなどと言って、成長できるきっかけに真摯に向き合わなくなっていきます。教員は、採用後から定年退職まで、年齢や経験年数に関わらず、その年その年に出会う子供から自己を成長させるきっかけを捉えて、自己変革の努力をしなければなりません。中堅となった、指導的立場となった、定年退職間近になったからといって、その営みを決して怠ってはいけません。

　子は親の鏡とよく言われますが、同様に、子は教員の鏡とも言えます。子供をみれば、その子供の教育を担っている教員が常日頃どのような指導をしているか分かるとも言えます。ましてや、小学校の児童は、全ての教科の授業を一人の担任から受けるのですから、教員の影響力は大と言えます。

（2）教員仲間から学ぶ

　昨今の教員は、職員室でも隣の教員が何をしているか全く関心をもたず、話をすることに価値を見出していないと聞いています。人は人、自分は自分といった殻に閉じこもり、子供の教育に関して「教育談義」をしない風潮があるそうです。経験豊かな教員の話の中に、自己を成長させるきっかけは無数にあるはずです。若手も、経験豊かな教員も遠慮せずどしどし意見を言うべきです。自分も、その手法を取り入れてみようと決断をして実行したときこそ、教員が成長する瞬間です。子供を惹きつける授業ができない、もっと効果的な授業のやり方はないのかと悩むのも教員の宿命かと思います。そういうときは、他の教員の授業のやり方を実際に参観して、コツを盗むべきです。あるいは、他の教員に依頼して、実際の授業を見ていただき、批評を積極的にいただくべきです。年齢や経験には関係なく、授業の達人はいます。年配の教員や経験豊かな教員でも、若手教員から学ぶべきことは多いはずです。

管理職が所属職員を育成する上でのポイント

　校長、副校長・教頭は、所属職員の管理・監督の職務に全力を挙げていますが、もっと人材育成に意を用いるべきです。教員は子供を育てますが、管理職は教員の人材育成をすることが極めて大事であると肝に銘じるべきです。極論を言えば、職務の半分以上はそれに当てるべきです。教員の人材育成をする上では、まずは、仕事を与えることです。そして、やり遂げた仕事を評価して、さらに、困難な仕事を任せることが大事です。そして何よりも、その仕事の成果を褒めることです。かつては、名物校長の下で育った多くの教員が様々な学校で優秀な教員となり、そうした方々が、さらに様々な学校で優秀な教員を育てている例は少なからずありました。

辛いという字がある。もう少しで幸せになれそうな字である

福岡県筑紫野市立原田小学校長　手島宏樹

式辞。

筑紫野市教育委員会　○○○○様に見守っていただく中で、第29回卒業証書授与式を挙行できますことを嬉しく思います。

会場にいる方々の祝福を受け、卒業する164名の卒業生の皆さん、

ご卒業おめでとうございます。

お家の方に手を引かれ、入学してから、6年が経ちました。

雨の日も風の日も、暑さや寒さにも負けずに学校に通い、心も体もたくましく成長しました。

特に、最後の一年間は、いろいろな想いが募る一年間になりました。

「辛い」という字があります。

もう少しで、「幸せ」になれそうな字です。

卒業の最後の一年間。

新型コロナウイルスの感染拡大を懸念し、臨時休校になりました。

お別れ集会はテレビで、修了式も中止になりました。

本日の卒業式も、在校生や来賓の方は参加できず、卒業生と保護者の方、そして先生方だけでの卒業式になりました。

会場にいる皆様も、どんなにか辛い想いをされていることかと思います。

しかし、この辛さをしっかりと受け止め、凛とした態度で式に参加している六年生。

とても立派です。

辛い思いを経験した皆さんには、辛さを受け止めることができる力、辛さを乗り越える力が培われて

いることと校長先生は信じています。

これからの長い人生、いくつかの辛いことや苦しいことに出合います。

その辛さや苦しみを真正面から受け止め、

決して逃げることなく、乗り越えて、

大きな「幸せ」をつかんでほしいと思います。

校長先生の好きな言葉を紹介します。

「もう一息」「もう一息というところでくたばっては、何事もものにならない」

「もう一息」「それに打ち克ってもう一息。それにも打ち克ってもう一息」

「もう一息」「もうだめだ。それをもう一息」

「達成することは大変だ。だが、もう一息」

校長先生は、6年生が、ワンチームとなって歌う、皆さんの歌声が大好きです。

最後に、聞かせてください。

終わりになりますが、保護者の皆様にお祝いの言葉を申し上げます。

お子さまのご卒業、誠におめでとうございます。

辛いことも、しっかりと受け止めることができるお子様の姿は大変立派です。

心より、祝福を申し上げます。

164名の卒業生の皆さんの、前途洋々たる未来での活躍と幸せを祈念し、式辞といたします。

令和2年3月17日
筑紫野市立原田小学校長　手島宏樹
及び　職員一同

【講話のねらいとポイント】

今年の式辞は苦労しました。事前に準備していたものは取りやめ、急遽作成しなおしました。

新型コロナウイルスの感染拡大防止の措置として、全校一斉臨時休業の措置が取られました。自然災害のときなど空振りになっても早めに避難情報を発動することは危機管理という立場からすると納得できるのですが……。

3月。お別れ集会はTVで、修了式は中止、卒業式は、卒業生、保護者、教職員だけの卒業式になりました。

辛い思いを数多く経験した卒業生は、受け止める力、乗り越える力が培われたものと信じています。これからの人生においても辛いことは幾度となく訪れるかもしれません。その辛さや苦しみをしっかりと受け止めて、乗り越えてほしいという思いから式辞を作成しました。筑紫野市教育委員会の教育長室に掲げられている、「辛いという字がある。もう少しで幸せになれそうな字である。」を思い出し作成しました。

式辞に採り入れている「もう一息」という言葉は、私の好きな座右の銘です。武者小路実篤の言葉です。校長として10年。様々な困難にも出合いました。しかし、この言葉を胸に、学校の教育目標の具現化に向けて取り組んできました。私も、今年で校長を卒業（退職）しますが、「もう一息」という言葉を胸に、第二の人生を送っていきたいと思います。

【4月の学校経営】

学校教育の主人公は子どもたちです。私は、4月の始まりからゴールデンウィーク明けまで、毎日、子どもたちの様子や状況について報告し合う職員連絡会を行ってきました。その後は、1週間に1回です。子どもの状況を全教職員で共通理解することから学校経営を進めています。4月に入ると、始業式、離赴任式、入学式と続きますが、忙しい中でも、年度初めのこのことは、後々とても役立ちます。学校経営の主人公である子どもの様子が話題になる職員室、職員集団を育てていきたいものです。

特に本年度は、長期休業明けの4月になります。子どもたちの健康面や生活面から子どもの様子を報告し合う場を設けることは、各学校でしなくてはならない必要不可欠なことだと思います。学校生活再開に際して、子どもたちが不登校になったり、問題行動につながったりしないためにも早期の場の設定が必要だと考えます。

子どもが通いたくなる学校づくり、保護者が通わせたい学校づくり、教職員が働きがいを感じる学校づくりが具体化・具現化することを願っています。

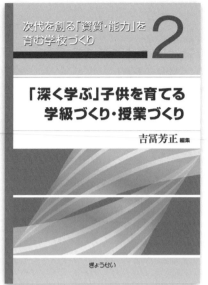

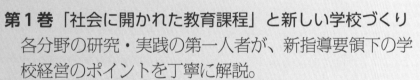

●外国語活動・外国語

備えておくべきこと・解決すべき課題と解決方法・具体的方策

● CHECK!

□ （1）年間目標を設定したか（小学校外国語活動・外国語、中学校外国語）

□ （2）年間指導計画を作成したか（小学校外国語活動・外国語、中学校外国語）

□ （3）学年別評価規準を作成したか（小学校外国語活動・外国語、中学校外国語）

□ （4）学年別5領域の目標を設定したか（小学校外国語活動・外国語、中学校外国語）

□ （5）学年別5領域の評価規準を設定したか（小学校外国語活動・外国語、中学校外国語）

□ （6）単元ごとの目標を設定したか（小学校外国語活動・外国語、中学校外国語）

□ （7）単元ごとの言語活動、評価方法の設定をしたか（小学校外国語活動・外国語、中学校外国語）

□ （8）単元ごとの評価規準を設定したか（小学校外国語活動・外国語、中学校外国語）

□ （9）教材・教具の準備をしたか（小学校外国語活動・外国語）

□ (10)文部科学省配布新学習指導要領対応外国語教材"Bridge"の活用を検討したか（中学校外国語）

解決方法・具体的方策

（1）年間目標の設定（小学校外国語活動・外国語、中学校外国語）

　小学校外国語活動・外国語の学習指導要領で示されている目標は、それぞれ2年間を通して達成されるべき目標である。同じように、中学校の外国語における目標は、3年間を通じて実現されるべき目標となっている。したがって、各学年における年間目標は学習指導要領には示されていない。

　そこで、まずは各学校の状況や児童生徒（以後、子供）の状態を考えながら、1年ごとの実現可能な目標を設定することが必要になる。その際、子供の実態に合わないものを設定することは、指導に困難をきたしたり、英語嫌いを生み出す元凶にもなりかねない。そして、これらの年間目標の達成の積み重ねが、学習指導要領の目標達成に直結することを忘

れてはいけない。

　そこで、年間目標を設定する際には、学習指導要領の目標を最終目標として考え、バックワードで、小学校であれば1年目の目標を、中学校であれば2年目、1年目の目標と順次設定していくことである。

（2）年間指導計画の作成（小学校外国語活動・外国語、中学校外国語）

　年間目標を設定後、おおまかな年間指導計画を作成する。その際、教科書の各単元をどの時期に指導するかは当然のこととして、それ以上に重要なことは、どのような言語活動を行い、どのようなパフォーマンス活動を通して、どのようなパフォーマンス評価をするのか、子供たちをイメージしながら設定しなければならない。そして、この計画書を活用しながら、指導と評価の一体化を図っていく。ただし、子供たちの状況によっては、これらを時点修正することも大切なことになる。

菅　正隆
大阪樟蔭女子大学教授

これも、開始時点から作成すると、教員の夢や希望が肥大化して、最終時点で児童生徒の能力をはるかに超えるものになりかねない。これも、最終時点からバックワードで作成するのが得策である。

（3）学年別評価規準の作成（小学校外国語活動・外国語、中学校外国語）

新しい評価の三つの観点「知識・技能」「思考・判断・表現」「主体的に学習に取り組む態度」ごとに評価規準を作成する。これらは、あくまでも、学年ごとの目標に対応する評価であることを理解する。総論的な大まかな達成すべき評価が分かることで、各論とも言える各単元の目標や評価が明確になってくる。

ここで、特に注意したい点は、英語使用において、その観点が「技能」なのか「思考・判断・表現」なのかの判断である。学習した知識を単に記憶して、表出しているものは「技能」であると考える。

（4）学年別領域目標の設定（小学校外国語活動・外国語、中学校外国語）

英語教育では、基本的に4技能（「聞くこと」「話すこと」「読むこと」「書くこと」）の育成が求められている。今回、学習指導要領の改訂により、この4技能から5領域（「聞くこと」「読むこと」「話すこと〔やり取り〕」「話すこと〔発表〕」「書くこと」）を育成することとなった。この領域を内容のまとまりとも呼び、学習指導要領の小学校外国語活動及び外国語では2年間を通した目標が、中学校外国語では3年間の目標が記されている。そこで、各学校では、これについても、各学年での目標を設定する必要がある。例えば、学習指導要領では、小学校外国語の

「聞くこと」の目標（2年間を通して）は、「ゆっくりはっきり話されれば、<u>自分のことや身近で簡単な事柄について</u>、簡単な語句や基本的な表現を聞き取ることができるようにする」となっているが、それを5年生では「ゆっくりはっきり話されれば、<u>相手のことについて</u>、簡単な語句や基本的な表現を聞き取ることができるようにする」のように、1年ごとの目標を設定することになる（下線：菅）。

この点においては、中学校区内で統一を図ることが望ましい。つまり、小学校3年生から中学校3年生までの7年間を継続的に連携が図られれば、指導も容易になる。

（5）学年別領域の評価規準の設定（小学校外国語活動・外国語、中学校外国語）

学年別領域の目標が設定されれば、次にそれに対する評価規準を作成することになる。ここでも、目標が達成されているかどうかを判断するための評価であることから、目標と同様、子供たちの実態にそぐわないものや、多くの子供たちが達成できないものを設定することは避けたい。例えば「聞くこと」では、能力が緩やかに向上していくイメージをもって作成することである。

また、小学校外国語の「読むこと」「書くこと」については、子供の状況に合わない場合、英語嫌いを生み出すことになる。「聞くこと」「話すこと」よりハードルが高いことを理解する必要がある。

（6）単元ごとの目標設定（小学校外国語活動・外国語、中学校外国語）

単元ごとの目標設定は、ここでも最終到達地点である学習指導要領の目標を起点として、指導と評価

による導線をバックワードで想定しながら作成していくことが基本である。ややもすると、教科書やテキストにある各単元のねらいや指導内容に翻弄されるあまり、学年の全体像を見失うことがある。つまり、各単元はパッチワークの布片として作成できたとしても、それらをつなぎ合わせたパッチワークの作品にはならないということである。この単元は、前の単元とどのようにつながり、次の単元のどの部分とリンクしているのかなどを考えながら目標を設定していくことが大切である。単純に教科書の指導書等に書かれている目標をコピーして取り組むことは、子供たちの能力の向上にはつながらない場合が多い。

教科書やテキストは著者が一般的な（標準的な）目標を掲げているだけに過ぎず、普遍的なものではないことを理解する必要がある。

（7）単元ごとの言語活動、評価方法の設定（小学校外国語活動・外国語、中学校外国語）

先の（2）の年間指導計画にも記載することになるが、単元ごとでどのような子供の活動を通して評価していくのかを決めていくことが大切である。小学校においては、主に知識の部分を中学校のようにペーパー試験では測れない部分もあることで、インタビューテストや行動観察等で見取っていかなければならない。中学校においても、従来のペーパー試験からパフォーマンス評価のためにスピーチやディスカッションなども取り入れていくことが求められる。したがって、単元でどのような活動をどのように評価していくのかを年間を通して計画立てる必要がある。例えば、Lesson1：自己紹介（主な評価活動：発表）、Lesson2：買い物（主な評価活動：スキット）、Lesson3：将来の夢（主な評価活動：スピーチ原稿）などのようにである。

ちなみに、パフォーマンス評価とは、「学習により、子供たちがインプットした知識や習得した技能を自分のものとして（インテイク）、話すことや書くことを通して、表出してくる（アウトプット）ものを捉えて評価すること」である。

（8）単元ごとの評価規準の設定（小学校外国語活動・外国語、中学校外国語）

使用する教科書・テキストにより、単元の目標や評価方法を基に、3観点と五つの領域とを関係付けた表（マトリックス）を作成しなければならない。その際、全ての観点と全ての領域を評価するとなれば、最大3観点×5領域＝15の評価項目が出現する。数時間の授業時間内だけで、これだけの評価をすることは物理的に不可能である。そこで、育てたい部分を指導し、子供たちの確実な伸びを評価するためにも、評価の対象は絞り込んでいくことが必要である。例えば、以下の評価（3×2＝6）が考え

		知識・技能	思考・判断・表現	主体的に学習に取り組む態度
聞くこと	〈知識〉 　道案内に必要な語彙や表現を理解している。 〈技能〉 　道案内に関する語彙や表現を聞き取る技能を身に付けている。	道案内に関する説明を聞き、進むべき道をおおむね捉えている。	道案内に関する説明を聞き、進むべき道を捉えようとしている。
話すこと[やり取り]	〈知識〉 　道案内に必要な語彙や表現を理解している。 〈技能〉 　道案内に関する語彙や表現を用いて伝え合う技能を身に付けている。	友達と道案内に関する語彙や表現を用いて伝え合っている。	友達と道案内に関する語彙や表現を用いて伝え合おうとしている。

●Profile

かん・まさたか　岩手県北上市生まれ。大阪府立高校教諭、大阪府教育委員会指導主事、大阪府教育センター主任指導主事、文部科学省初等中等教育局教育課程課教科調査官並びに国立教育政策研究所教育課程研究センター教育課程調査官を経て現職。調査官時代には小学校外国語活動の導入、学習指導要領作成等を行う。

られる。

　これらの評価規準の積み重ねが、最終的な目標に到達するまでの通過点と考えるべきで、無理な評価規準は指導に困難をきたすことになる。

（9）教材・教具の準備（小学校外国語活動・外国語）

　小学校における外国語活動や外国語においては、教科書やテキスト以外にさまざまな教材・教具を必要とする。これは、ただ単に言葉遊びを司る教科や領域ではないことの証である。少しでも実生活の一部を擬似的に体験させ、その中で状況をイメージさせながら、言葉を交わす体験を通して、コミュニケーション能力の向上を図ったり、英語の活用ができるようにすることを目標としている。したがって、状況がイメージできないままに言葉を発しても、決して語彙や表現は定着しない。そのための子供たちの知的好奇心を引き出す教材や教具は欠かせないものである。もちろん、フラッシュカードやピクチャーカード、プリント類もこれに当てはまる。

　しかし、これらを作成するために長時間要したのでは、働き方改革に反する。購入できるものは購入し、前任者が使用したものなども効率よく使用することが重要である。

（10）文部科学省配布新学習指導要領対応外国語教材"Bridge"の活用法（中学校外国語）

　学習指導要領が改訂され、中学校で学習する語彙や表現、文法事項が増加された。具体的には、従来高等学校で学習していた仮定法や現在完了進行形などを中学校で取り扱うことになった。これを、令和2年度の移行期間中に学習することになる。そのための教材である。したがって、各学校では授業の中に、この"Bridge"の内容も取り入れながら、新しい文法事項を理解させていくことが求められている。どのように授業の中にこの内容を組み込むのか、ま

たは、どのように指導するのかを早急に考えて、年間計画に組み入れる必要がある。これも、生徒の実態に合わせて判断することで、使い難いとなれば、教師が他の方法を取り入れることも考えられる。

　"Bridge"は学習する内容が18項目あり、まともに取り扱うと最低18時間程度は必要となる。それを勘案して、スクラップしたり、スキップすることも重要になる。

　以上、さまざまな具体的方策を示したが、これらはあくまでも例に過ぎず、各学校の状況により、いくつかの段階をスキップすることも考えられる。

[参考文献]

・菅正隆『指導要録記入例＆通知表文例が満載！　小学校外国語活動新3観点の評価づくり完全ガイドブック』明治図書出版、2020年
・菅正隆『指導要録記入例＆通知表文例が満載！　小学校外国語新3観点の評価づくり完全ガイドブック』明治図書出版、2020年

●道徳教育

道徳性を育てるための道徳教育における指導と評価の一体化

> ● CHECK!
> □（1）校長の道徳教育の方針を全教師に明示し、具現化のために共有化を図っているか。
> □（2）実効性のある全体計画及び別葉を作成し、全教職員でその実現に努めているか。
> □（3）道徳教育の重点目標や重点的に指導する内容項目を設定しているか。
> □（4）全体計画を基に作成した年間指導計画が、道徳科の授業の拠り所となっているか。
> □（5）年間指導計画に盛り込まれた評価の機能を活用し、常に改善が行われているか。
> □（6）主体的・対話的で深い学びのある道徳授業（四つの学び）の実現に努めているか。
> □（7）道徳科の授業の評価の五つの観点から、道徳授業を捉え直しているか。
> □（8）よりよく生きるための基盤となる道徳性が育っているか（常に検証しているか）。
> □（9）全教職員が成果と課題について共通理解を図っているか。
> □（10）チーム学校として、校内研究等を通して、質の高い道徳授業を目指しているか。

　学校教育は、教育基本法にあるとおり、「人格の完成を目指し、平和で民主的な国家及び社会の形成者として必要な資質を備えた心身ともに健康な国民の育成」を期して行われている。

　人格の完成の基盤となるものが道徳性であり、道徳性を育てることが道徳教育の使命である。道徳教育においては、人間尊重の精神と生命に対する畏敬の念を前提に、人が互いに尊重し協働して社会を形作っていく上で共通に求められるルールやマナーを学び、規範意識などを育むとともに、人としてよりよく生きる上で大切なものとは何か、自分はどのように生きるべきかなどについて、時には悩み、葛藤しつつ、考えを深め、自らの生き方を育んでいくことが求められている。さらに、道徳教育の課題として、様々な文化や価値観を背景とする人々と相互に尊重し合いながら生きることや、人間の幸福と社会の発展の調和的な実現を図ることを挙げている。学校は、道徳科（特別の教科　道徳）を要とした道徳教育において、学校課題を克服し、よりよく生きるための道徳性の育成が求められている。そのためには、実効性のある指導計画（全体計画・別葉・年間指導計画）の作成が急務である。

道徳教育の全体計画

　全体計画を作成する前提として、校長は道徳教育の方針を全教師に明示し、道徳教育推進教師が中心となり、全教師の参画・分担・協力による組織的な推進体制を築き上げていく。

　道徳教育の全体計画は、学校の道徳教育の基本的な方針を示すとともに、学校の教育活動全体を通して、道徳教育の目標の達成のための方策を総合的に示した教育計画である。

　児童生徒や学校、地域の実態を踏まえ、学校で何を重点に道徳教育を推進するか、各教育活動におけ

毛内嘉威
秋田公立美術大学教授

る役割とその関連の在り方、家庭や地域社会との連携の進め方を別葉に示していく。

なお、下記は、全体計画の「別葉」である。

- 各教科等における道徳教育に関わる指導の内容及び時期を整理したもの
- 道徳教育に関する体験活動や実践活動の時期等が一覧できるもの
- 道徳教育の推進体制や家庭や地域社会等との連携のための活動等が分かるもの

〈全体計画〉

①校長の道徳教育の方針を全教師に明示し、共有する。

②道徳教育推進上の課題を明確にし、道徳教育推進教師が中心となり全教職員で取り組む。

③全職員が作成に関与、参画し、その英知が結集できる組織体制を確立する。

④学校課題を踏まえ、地域に根ざし、伝統や校風を生かした特色を打ち出す。

⑤各教科等で行う道徳教育の内容や時期を整理した別葉を作成する。

⑥着実な実践を見届け、さらなる改善に生かす評価機能を充実させる。

⑦保護者や地域住民に公表する。

道徳科の年間指導計画

道徳科の年間指導計画は、道徳科の指導が、道徳教育の全体計画に基づき、児童の発達段階に即して計画的、発展的に行われるように組織された全学年にわたる年間の指導計画である。指導計画の作成によって、道徳科において指導しようとする内容につ

いて、児童の実態や多様な指導方法を考慮して、学年段階に応じた主題を構成し、この主題を年間にわたって適切に位置付け、配列し、学習指導過程を示すなど道徳科の学習指導案を立案する拠り所となる。

①道徳教育の全体計画に基づき、各学年の基本方針を明確にする。

②道徳科の指導の時期、主題名、ねらい及び教材を一覧にした配列表にまとめる。

③指導過程を含む各時間の指導の概要（主題構成の理由、学習指導過程と指導の方法、他の教育活動との関連）を明示する。

④その他、学校の特色やこだわりが反映される内容を加味する。

⑤計画の弾力的扱いに関する校内規定を設ける。

⑥評価の実施と今後の改善が計画的に行える機能を盛り込む。

道徳授業のPDCAサイクル

質の高い道徳授業の構築には、明確な意図をもって指導の計画を立て、授業の中で予想される具体的な児童生徒の学習状況を想定し、学習指導過程や指導方法を工夫しながら、道徳科の主体的・対話的で深い学びを構想し、さらに、授業の振り返りの観点（評価の視点）を立てて臨むことが重要である。

道徳科の特質である道徳性の育成のための道徳授業の実現のためには、計画から授業実施、評価までを一つのサイクルと捉え、授業改善や児童生徒の成長に生かしていくことこそが大切である。特に、学校の管理職には、道徳授業のPDCAサイクルの実現の考え方（道徳科における指導と評価の一体化）を

取り入れ、児童生徒一人一人が幸せな人生を歩めるよう、よりよく生きる基盤となる道徳性の育成を責任をもって担ってほしい。

道徳科における指導と評価の一体化

道徳科における評価とは、指導に生かされ、子供の成長につながる評価である。つまり、教師が授業改善を行うための資料となる評価であり、子供のよい点や成長の様子などを積極的に捉え、認め励ます評価である。

道徳科は、よりよく生きるための基盤となる道徳性（内面的資質）を育てることをねらいとしている。教師は、常に学習指導過程や指導方法を振り返りながら、子供の学習状況の把握を基に、授業に対する評価と改善を行うことが重要である。これが、指導と評価の一体化である。教師が、自らの指導を評価し、その評価を授業の中でさらなる指導に生かすことが、指導の改善につながる。

指導と評価に基づく授業づくりとは、教師が道徳授業のねらいとする道徳的価値に関わる道徳性の諸様相を育てるために、学習指導過程や指導方法を工夫しながら、道徳科の主体的・対話的で深い学びを構想し、その指導の工夫により表出した子供の学びの姿を継続的に把握し評価すること（指導と評価の一体化）である。

(1) 「P」— 道徳授業の計画（Plan）

道徳授業のねらいは、よりよく生きるための基盤となる道徳性を育てることである。そのためには子供の実態把握等に基づく指導計画（全体計画、別葉、年間指導計画）が必要不可欠であり、教職員が一丸となって、学校教育目標の具現化を図ることでもある。

まずは、学校・家庭・地域の実態から、どのような子供を育てていくのかを明らかにし、道徳教育の重点目標や重点的に指導する内容項目を設定して取り組むための計画（全体計画、別葉）を立て、全教職員で共通理解することが大切である。

次に、主たる教材としての教科用図書を使用して、重点的な指導や内容項目の関連を密にした指導や一つの内容項目を複数時間で取り入れる指導、効果的な教材の活用方法などを盛り込んだ年間指導計画を作成し、それに基づいて道徳授業を実施することである。

①どのような子供を育てるか（学校・家庭・地域の実態から）明確にする。

②道徳教育の重点目標や重点的に指導する内容項目を設定する。

③指導計画を立て、全教職員で共通理解する。

④教科書を使用して（年間指導計画に基づいた）道徳授業を実施する。

(2) 「D」— 道徳授業の授業実践（Do）

道徳授業の質的転換を表す「考え、議論する道徳」がある。これは、全ての教科等の学習・指導改善の視点として使われている「主体的・対話的で深い学び」と同じ意味であり、指導と評価の一体化に基づく授業づくりの根本であると言える。

これからの道徳授業は、発達の段階に応じ、道徳的諸価値についての理解を基に、道徳的な課題を一人一人の子供が自分自身の問題と捉え、「主体的・対話的で深い学び」のある授業を構想し、質の高い授業に質的転換を図ることが求められている。これまで以上に自分との関わり（自分事）で捉え、多面的・多角的に考えていく授業が大切になってくる。

①道徳的価値を理解する学習（価値理解、人間理解、他者理解）〔深い学び〕

②自己を見つめる学習〔主体的な学び〕

③多面的・多角的に考える学習〔対話的な学び〕

④自己（人間として）の生き方について考える学

●Profile

もうない・よしたけ　青森県公立学校教員を経て鳴門教育大学大学院に内地留学。弘前大学大学院後期博士課程修了。博士（学術）。弘前大学教育学部附属小学校主幹教諭、青森県教育委員会総合学校教育センター指導主事を経て、2013年より秋田公立美術大学教授、2017年より同大副学長。日本道徳教育学会理事、日本道徳教育方法学会評議員、文部科学省「小学校学習指導要領解説　道徳編」作成協力者委員、文部科学省「小学校学習指導要領解説　特別の教科　道徳編」作成協力者委員、文部科学省「中学校道徳教育に係る教師用指導資料」作成協力者委員などを歴任。

習〔深い学び〕

主体的・対話的で深い学びのある道徳授業の実現のためには、１単位時間の道徳授業の中に①②③④の四つの学びは必要不可欠である。

(3)「C」― 道徳授業の評価（Check）

道徳授業においては、子供に主体的に考えさせることを明確にして、「道徳的諸価値についての理解を基に、自己を見つめ、物事を多面的・多角的に考え、自己の生き方についての考えを深める」という目標に掲げる学習活動が展開されていなければならない。

そのためには、子供にどのような気付きや変容が見られたのかを確認する必要がある。道徳授業の観点でもある「一面的な見方から多面的・多角的な見方へと発展しているか（対話的な学び）」「道徳的価値を自分自身との関わりの中で深めているか（主体的な学び）」そして「自己の生き方について考えを深められたか（深い学び）」という観点から自らの授業を振り返り、子供の学びの姿から道徳授業を捉え直すことは重要である。

①学習指導過程は、道徳科の特質を生かし、道徳的価値の理解を基に自己を見つめ、自己（人間として）の生き方について考えを深められるよう適切に構成されていたか。また、指導の手立てはねらいに即した適切なものとなっていたか。

②発問は、児童生徒が（広い視野から）多面的・多角的に考えることができる問い、道徳的価値を自分のこととして捉えることができる問いなど、指導の意図に基づいて的確になされていたか。

③児童生徒の発言を傾聴して受け止め、発問に対する児童生徒の発言などの反応を、適切に指導に生かしていたか。

④自分自身との関わりで、物事を（広い視野から）多面的・多角的に考えさせるための、教材や教具の活用は適切であったか。

⑤ねらいとする道徳的価値についての理解を深めるための指導方法は、児童生徒の実態や発達の段階にふさわしいものであったか。

⑥特に配慮を要する児童生徒に適切に対応していたか。

(4)「A」― 道徳授業の改善（Action）

「主体的・対話的で深い学び」という授業改善の視点から、より質の高い、より効果的な指導を追求することが重要である。そして、忘れてはならないのが、よりよく生きるための基盤となる道徳性が育っているのかを検証することである。そのためには、教職員が成果と課題について共通理解を図ったり、校内研究等を通して深めたりして、質の高い道徳授業を目指してチーム学校として取り組むことである。つまり、アクションを起こすことである。

①「主体的・対話的で深い学び」という授業改善の視点から、より質の高い、より効果的な指導を追求する。

②よりよく生きるための基盤となる道徳性が育っているか検証する。

③教職員が成果と課題について共通理解を図る。

④チーム学校として、校内研究等を通して、質の高い道徳授業を目指すアクションを起こす。

道徳教育においては、子供一人一人のもつよい点や可能性などの多様な側面、進歩の様子などを把握し、年間や学期にわたって子供がどれだけ成長したかという視点をもって取り組みたい。また、子供一人一人の人間的な成長を見守り、子供自身が自己のよりよい生き方を求めていく努力を評価し、それを勇気付けることが大切である。

現場で考えるこれからの教育

■今月のテーマ■

2019年度 私の Good & More

いよいよ、小学校から新しい学習指導要領が全面実施となります。
教師にとって、移行期の学級経営や授業などについて「よくできた」「こうすればもっとよくなる」ことを振り返り、新しい教育課程に生かす大切な時期です。主体的・対話的で深い学びをどう実現するか、外国語は、道徳は、プログラミングは……。最終回の今月は、教育の大きな転換点にあった2019年度の「Good」、そして2020年度に向けての「More」を語ってもらいました

■ご登壇者■

愛知県知多市立新知小学校長	片岡　和也	先生
兵庫県西宮市立高木小学校教諭	安座間百恵	先生
大阪府和泉市立槇尾中学校教諭	一ノ瀬皓司	先生
三重県四日市市立内部東小学校教諭	豊田　恵子	先生
東海国語教育を学ぶ会顧問	石井　順治	先生

学び合う学びは
教師の学び合いから

愛知県知多市立新知小学校長　**片岡和也**

今年度は、私の夢が叶った一年でした。「学び合う学び」の授業を軸にした学校づくりに着手することができたからです。

私は、茅ヶ崎市立浜之郷小学校の開校のころから、学びの共同体の実践を勉強し、いつかそういう学校づくりができればと考えていました。次期学習指導要領の全面実施を一年後に控えた今年度の初めに、研究主任から「児童に聴く力を身に付けさせたい」と相談され、それならばと「学び合う学びを深める授業づくり」を始めることにしました。

まず、始めたことは、学校全体で教師も児童も「わからなさは宝物」「間違いは宝物」を学びの原点とし、友達のわからなさや間違いに寄り添うことを大切にした授業づくりでした。「わからなさは宝物」と頭では理解できても、実際の授業でどうしたらいいか悩む教師が多くいました。そこは、教師同士がわからなさを出し合い、同僚と学び合うことこそ大切であると話をしてきました。今では職員室で学び合う学びについて話し合う教師の姿が多く見られるようになってきました。

ある教師は次のように述べています。

> 学び合いの授業は、大げさかも知れませんが、教師という職業をもう一度魅力的なものであると再認識させてくれました。

この教師は、児童からも同僚からも慕われ、すばらしい学び合いの授業を実践している教師です。教師の成長を感じられる言葉だと思います。

授業の振り返りも大切にしてきました。児童が振り返りに授業で学んだことを書く際に友達の名前を書くようにしています。ペアやグループの友達に寄り添うことを教師も児童も意識するためです。この一年で児童が書いた振り返りの中から教師が選んだ振り返り「私のベスト１」の中の一つを紹介します。

> わたしは今日の勉強でイが分かりませんでした。Ａさんに聞いたら（中略）と言いました。わたしもその説明に納得して、その答えが合っていると思ったけど、Ｂさんが（中略）と言って、それが間違っているか、合っているのかグループで考えました。
>
> Ａさんが（中略）と言ったらＣさんが（中略）と言って、Ａさんとわたしは悩みました。答えが16/10Lだと分かって、Ａさんが最後に言った（中略）という答えが合っていて、みんなはすっきりしました。　　　　（３年算数の授業）

これだけの振り返りを書けるようになった児童とそれを指導した教師の成長に喜びを感じています。

４月になると人事異動があり、教師が入れ替わります。次年度は、この一年間「学び合う学び」を実践した教師と新たに赴任する教師とともにこの取り組みを継続させ、教師の学び合いと児童の学び合いを本校の学校文化にしていきたいと考えています。「学び合う学び」が児童のどんな深い学びにつなげられるかとても楽しみです。

学び合いを深めるチャンスの一年に

兵庫県西宮市立高木小学校教諭　**安座間百恵**

「私たちが追い求める子どもの学びの姿とは？」「高木小独自の学び合いとは？」を模索しながら実践を重ね、2年が過ぎようとしています。そのなかで、成果と課題が少しずつ見えてきました。

成果の一つ目は、子どもが落ち着き、教室の空気がしっとりと穏やかになったことです。これまでは、教師が一方的に話し続けたり、我先にと挙手をして発言を争ったりするような場面が見られました。そこで、グループやペアの聞き合いを積極的に取り入れ、教師の言葉は必要最小限に抑えるように意識しました。すると、わからないこと、気づいたこと、知ってほしいことなどのつぶやきが少しずつ聞こえるようになってきました。その声は非常にやわらかく自然体です。子どもたちが課題と向き合い、共に考える雰囲気になったからこそ聞こえてきた声だと思っています。

もう一つの成果は、学校全体で研究に取り組むスタイルが定着してきたことです。年間3回の提案授業に加え、他の全クラスもその度に授業を公開し、講師の先生から一人ひとりへ助言をいただいてきました。そのおかげで、「学び合う学び」が共通の話題となり、授業づくりについてクラス・学年を超えて語り合えるようになりました。提案授業者だけに任せていたこれまでのやり方では研究が一過性になり深まらなかったのですが、全員が授業を公開することにより、共通意識や継続性が生まれてきました。実践が積み上がり、学校全体に「学び合う学び」が根付いてきたという手ごたえを感じています。

一方で、「本当にこれで力がつくのだろうか」「子どもの姿や表情を見ると学びへの意欲がまだまだのような気がする」といった不安の声も上がっています。ペアやグループでの活動を取り入れ、子ども同士の関わりで探究するという学び合いの型はできてきました。しかし、型にはめるだけでは本当の学びになっていません。私たちの授業づくりはここからが本番、いよいよ次の段階に入ります。

それは「学びの内容（質）を深めること」です。そのためにこれから研究推進担当者として「授業を見合う場」と「教材研究をする場」の二つの場づくりに注力したいと考えています。子どもの学びや成長の瞬間を捉える目は、子どもを観察することでしか鍛えることができません。学校内外を問わず、積極的に授業を見に行くようにはたらきかけたいと思います。また、採択教科書が変更になり、教材研究の場がますます重要になります。学びの深まりを目指してみんなで疑問やアイデアを交流し、子どもと新しい教材との豊かな対話を引き出せたらと思います。

来年度は教科書変更に加え、新学習指導要領の全面実施、校舎の工事と、高木小にとっては多忙で激変の一年が予想されます。しかし、この変化は私たちにとって大きなチャンスかもしれません。今こそ、ONE TEAMとなって「学び合う学び」に取り組む教師のつなぎ役になれたらと願っています。

生徒同士のつながりを軸にした授業改善

大阪府和泉市立槇尾中学校教諭　**一ノ瀬皓司**

今年度で、採用5年目を迎えました。最初の3年間ほどは、一方的な講義形式の授業を繰り返していただけで、本当の意味での「学び」が不十分だと日々悩んでいました。そんなとき、本校が「生徒が協同的に学ぶ授業」に取り組むようになり、授業に対する意識が急速に変わり始めました。

今年度は、三つのことを意識的に取り組みました。一つ目は「課題の質を上げる」ことです。昨今では、塾通いの生徒も多く、既習の知識を学校の授業で繰り返しているだけになり、学びが生まれにくくなってきているように思っていたので、課題の質を上げることで、より多くの生徒がわからない状態で授業をスタートさせ、多くの生徒の「学び」「気づき」の機会をより増やせるようになりました。ただ、「課題の質を上げる」といっても、難しい入試問題に取り組むというわけではなく、実生活を関連づけた難しい課題の設定を心がけました。例えば、3年生の三平方の定理の導入として「コピー用紙のサイズの関係性」を課題として扱いました。その関係性を数学が苦手な生徒の気づきが、課題解決の手掛かりとなりました。「わかった」と言っていたときの表情は活き活きとしていました。

二つ目は「グループ学習」です。個人の気づきだけでは解決につながらないときには、グループ内で気づきを共有し、より多くの生徒の気づきを積み重ね、課題解決につながることもありました。

三つ目は、「生徒の意見をつなげる」ことです。前述したとおり、課題の質を上げると、グループ学習でも解決できないこともあります。そんなとき、私が「この班は、こんな内容で困っているけど、どう思う？」と全員に問いかけます。そこで、他の班から意見が出てくると、それがキッカケで課題を解決できることもあります。このように、教師が教えるのではなく、ファシリテーターとして動くことで、生徒の学びにつながる場面が見られるようになりました。

とはいえ、私はしゃべりすぎると反省することもあります。生徒の手が止まっていると、不安になり、つい、ヒントを言ってしまうことがあります。また、各班で活発に意見交換をしていても、授業の残り時間が少なくなってくると、その時間で完結させなければいけないという意識が働き、答えを言ってしまうこともあります。これは、生徒から「学び」「気づき」の機会を奪ってしまっており、「せっかく考えていたのに、答えを言わんといてほしかった」などと生徒から言われたこともありました。ファシリテーターとしての授業者を目指そうとする心構えの大切さを常々感じています。

今後も引き続き「課題の質を上げる」ことに取り組み、実生活と数学の関連づけをしながら、数学の魅力を伝えていきたいと思います。授業中は、いかに生徒の「学び」「気づき」の機会を増やすことができるのかを考えながら、必要最低限に適切な声掛けができるように改善していきたいと思います。

一人ひとりに学ぶ喜びが生まれる
グループの学びを

三重県四日市市立内部東小学校教諭　**豊田恵子**

　私の2019年度のGoodは、グループにおける対話的学びに、これまで以上に目を向けるようになったことです。きっかけは、研究授業で「全体の学びよりも、グループの学びの質を上げることを考えた方がいい」と指摘されたことでした。

　これまで、ペアやグループでの学び合いを大事にしてきたつもりだったのですが、グループの形になって子どもたちが話をしている、全体に戻したときには多くの子が挙手をする、それだけでグループの学びがうまくいっていると満足していた自分に気づかされました。今更ながらの気づきです。

　とはいえ、グループの学びの質を上げるにはどうすればよいのか、私には難しい課題でした。とりあえず、常時グループの形にしました。それまでの授業では私の声掛けで机を動かしてグループにしていたのですが、「いつでもグループ、何でもグループ」の形に変えました。そして、それまで以上に、学びに入りきれていない子はいないか、わからないと言えずに困っている子はいないか、わかっている子だけで進めていないかをしっかりと見て、子どもと子どもをつなぐことに心を砕きました。

　また、毎時間とはいかないけれど、学びが少し深まったなと感じたときや、もやもや感を残して授業が終わったときは、家でその時間の振り返りを書かせるようにしました。すると、「みんなが言っていたことが、僕はわけがわかりませんでした。でも、○○さんの話を聞いたらスッキリしました」などと書

いてくるようになり、それを子どもたちに伝えることで「学び方」を共有することもできました。

　私にとって今年度は、グループの学び合いから生まれることの大切さに気づかされた一年だったと思います。

　そして、4月からの新しい一年、私のやるべきこと、Moreは、グループで学ぶことの喜びを全ての子どもが感じられるようにすることです。それは、一人ひとりに学びの深まりが生まれるということです。

　それには、まず、授業の課題作りが大切です。魅力的な課題なしに学び合いは実現できないからです。

　そのうえで、グループでどんな学びが生まれているかを少しでも多く見取り、褒めたり、支えたり、方向づけたりといった対応をこまやかに行いたいと思います。特に、学習に遅れのある子や、学びに入れずにいる子に焦点を当てて、その子たちのわからなさや困り感を、グループの仲間が受け止められるよう支えることを大事にしたいと思います。それを教師が指示してやらせるのではなく子どもが自分たちで判断して実行できるようにしたいのです。

　もちろん簡単なことではなく、何度も壁にぶつかるでしょう。でも、どうしても乗り越えなければならない壁です。そこにこそ学ぶことの本質があると思うからです。4月に出会う子どもたちとともに、一年間、急がずじっくりと取り組みたいと思っています。

教師のMore、子どものMoreは、未来に向かうMore

東海国語教育を学ぶ会顧問　石井順治

　仕事にしても趣味にしてもその取組を進めるとき、人はだれしも「More」と考えます。それがなければよりよいものは生まれません。しかし、教師の「More」は単純ではありません。実現したいことは子どもとともに、いえ、子どもによってつくりだされなければならないからです。

　組織で行うことが、前年度の踏襲という同じことの繰り返しになったとき、その活動の魅力は衰退していきます。といって、見通しのない変化は取組に混乱をもたらします。

　「More」で大切なのは、今の事実に基づいた将来像への見通しです。教師にとって今の事実とは授業や学校づくりの状態ですが、それは子どものことを見つめない限り明確にはなりません。そこに教師の「More」の難しさがあります。さらにもう一つの難しさ、それは難しいというより大切にしなければならないことですが、教師が共同体になることです。

　教師の「More」は、同僚と協働しながら、子どもの事実をとらえ子どもとともに実践しなければ実現できません。それは、教師と教師、教師と子どもの「More」がつながることを意味します。

　さて、本年度から2020年度への渡りにおける教師の「More」はどういうものになるのでしょうか。

　次年度は新しい学習指導要領全面実施の年です。本誌の連載「学び手を育てる対話力」において述べてきたことですが、今回の改訂は、Society5.0時代を見据えた非常に重要な改訂です。時代は確実に変わってきています。その変化の激しい社会に子どもたちを送り出すための学校教育はどうあるべきか、それが今問われているといえるでしょう。

　私が、今、もっとも注目しているのは、「主体的・対話的で深い学び」への授業改善と授業のICT化です。道徳の教科化とか小学校の外国語活動とかいうこともありますが、それよりも「対話的学び」とICT機器の活用とをどうリンクして深い学びを実現するか、それがもっとも大切で、それでいながらかなり難しいことだと思うからです。

　今回のフォーラムに寄稿している4人の方の文章を読むと、「主体的・対話的で深い学び」への授業改善を目指したものになっています。しかも、こういうふうにしてみたらこうだったという子どもの事実、授業の事実に基づいて「More」を考えています。「主体的・対話的で深い学び」は型にあてはめればできるというものではなく、子どもの意欲を引き出し、授業を大胆に変える努力をしない限り実現できないのですが、その実践像は4人の文章にも書かれているようにかなり具体的になってきました。

　それに対して、ICT化の取組は遅れているといえるかもしれません。ましてや「対話的学び」とのリンクが重要であるにもかかわらず、まだまだ視界が明瞭ではないように感じます。

　必要なのは子どもや社会の変化を見つめた未来に開かれた「More」です。そうした各学校の取組を少しでも丁寧に支える、それが私の「More」です。

全面実施まであとわずか！

新学習指導要領を「実践」につなぐ
授業づくりの必備シリーズ

平成29年改訂
小学校教育課程実践講座
全14巻

A5判・各巻220頁程度・本文2色刷り

各巻定価 （本体1,800円＋税）　各巻送料300円
セット定価（本体25,200円＋税）　セット送料サービス

【巻構成】
- 総　則　● 国　語　● 社　会　● 算　数
- 理　科　● 生　活　● 音　楽　● 図画工作
- 家　庭　● 体　育　● 外国語活動・外国語
- 特別の教科 道徳　● 総合的な学習の時間
- 特別活動

平成29年改訂
中学校教育課程実践講座
全13巻

A5判・各巻220頁程度・本文2色刷り

各巻定価 （本体1,800円＋税）　各巻送料300円
セット定価（本体23,400円＋税）　セット送料サービス

【巻構成】
- 総　則　● 国　語　● 社　会　● 数　学
- 理　科　● 音　楽　● 美　術　● 保健体育
- 技術・家庭　● 外国語　● 特別の教科 道徳
- 総合的な学習の時間　● 特別活動

ここがポイント！

☐ **信頼・充実の執筆陣！**　教科教育をリードする研究者や気鋭の実践者、改訂に関わった中央教育審議会の教科部会委員、学校管理職、指導主事ら充実のメンバーによる確かな内容です。

☐ **読みやすさ・使いやすさを追求！**　「本文2色刷り」の明るく読みやすい紙面デザインを採用。要所に配した「Q＆A」では、知りたい内容に即アプローチしていただけます。

☐ **授業事例や指導案を重点的に！**　「資質・能力の育成」や「主体的・対話的で深い学び」を授業の中でどう実現させるか？　実践に直結する授業事例や指導案を豊富に紹介します。

学習指導要領を
「現場視点」で読み解き
「授業」に具体化する
新教育課程サポートブック
────堂々ラインナップ！

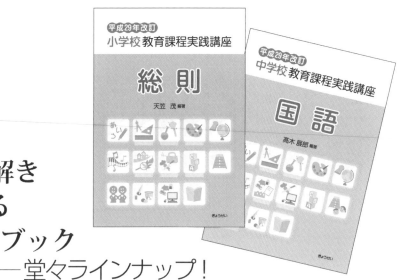

[平成29年改訂 小学校教育課程実践講座（全14巻）◆ 編著者]

● 総　　則　　天笠　　茂　　千葉大学特任教授
● 国　　語　　樺山　敏郎　　大妻女子大学准教授
● 社　　会　　北　　俊夫　　国士舘大学教授
● 算　　数　　齊藤　一弥　　高知県教育委員会事務局学力向上総括専門官
● 理　　科　　日置　光久　　東京大学特任教授・前文部科学省初等中等教育局視学官
● 生　　活　　朝倉　　淳　　広島大学教授
● 音　　楽　　宮下　俊也　　奈良教育大学理事・副学長
● 図画工作　　奥村　高明　　聖徳大学教授
● 家　　庭　　岡　　陽子　　佐賀大学大学院教授
● 体　　育　　岡出　美則　　日本体育大学教授
● 外国語活動・外国語　　菅　　正隆　　大阪樟蔭女子大学教授
● 特別の教科　道徳　　押谷　由夫　　武庫川女子大学教授
● 総合的な学習の時間　　田村　　学　　國學院大學教授
● 特別活動　　有村　久春　　東京聖栄大学教授

[平成29年改訂 中学校教育課程実践講座（全13巻）◆ 編著者]

● 総　　則　　天笠　　茂　　千葉大学特任教授
● 国　　語　　髙木　展郎　　横浜国立大学名誉教授
● 社　　会　　工藤　文三　　大阪体育大学教授
● 数　　学　　永田潤一郎　　文教大学准教授
● 理　　科　　小林　辰至　　上越教育大学大学院教授
● 音　　楽　　宮下　俊也　　奈良教育大学理事・副学長
● 美　　術　　永関　和雄　　武蔵野美術大学非常勤講師
● 保健体育　　今関　豊一　　日本体育大学教授
● 技術・家庭〈技術分野〉　　古川　　稔　　福岡教育大学特命教授
　　　　　　　〈家庭分野〉　　杉山久仁子　　横浜国立大学教授
● 外国語　　菅　　正隆　　大阪樟蔭女子大学教授
● 特別の教科　道徳　　押谷　由夫　　武庫川女子大学教授
● 総合的な学習の時間　　田村　　学　　國學院大學教授
● 特別活動　　三好　仁司　　日本体育大学教授

小学14巻、中学13巻、全て好評発売中!!
担当教科と「総則」をセットで揃えて頂くのが
オススメです!!

【ご注文・お問い合わせ先】
㈱ぎょうせい

フリーコール　0120-953-431　［平日9～17時］
フリーFAX　　0120-953-495　［24時間受付］
Webサイト　　https://shop.gyosei.jp　［オンライン販売］

単元づくりの「勘どころ」を磨く

島根県立大学教授
高知県教育委員会事務局学力向上総括専門官
齊藤一弥

■summary■
資質・能力ベイスの「単元を創る」ことは、次代を支えていく教師に期待される重要な力量であり、そのいわゆる「勘どころ」を「目的」「内容」、そして「方法」の3つの視点から磨いていくことが求められている。

単元づくりの3つの「勘どころ」

この1年間の連載で、資質・能力ベイスの単元を創ることについて考えてきた。これらは教師に期待される力量であり、単元を創るためのいわゆる「勘どころ」である。これまでの話題を整理しながら、新課程に対応する単元づくりの3つの「勘どころ」をまとめていきたい。

(1) 単元づくりの「Why（目的）」

まずは、単元を創る目的（Why）である。新課程の実施に合わせて、なぜ「単元を創る」ことが必要なのかを明らかにしておくことは、授業づくりの根幹を支えることとして極めて大切である。

資質・能力ベイスの新課程を編成するにあたっては、「教材単元」と「経験単元」という2つの単元づくりの考え方を踏まえた上で、双方のよさを十分に活かしながら、各教科等の系統的な内容（「何をどのように学ぶか」）を扱いつつ、学習のまとまりを子供にとって価値のある学び（「何ができるようになるか」）で描くことが重要である。両者の価値を最大限生かした単元づくりを追究することが必要である（「子供と単元」Vol.1）。

さらに、資質・能力ベイスの新課程においては、教科目標や指導計画の全面的な読み直しが求められ、目標や内容等の連続性、特に見方・考え方の一貫した成長プロセスを重視して、資質・能力を段階的に高めていく単元が期待されている。また、単なる評価の観点の変更による書き直しに終わらずに、子供の見方・考え方の成長が育成すべき資質・能力の変容を支えていく過程を、客観的かつ妥当性のある規準で把握することも期待されている（「資質・能力ベイスの単元を創る」Vol.2）。

このような考え方を受けて、学習指導要領の総則では指導計画編成の留意事項として「単元のまとまりを見通す」ことが重視されている。これは、単位時間等で何を指導しそれをいかに配列するかといったこれまでの内容ベイスの単元観とは異なる資質・能力ベイスの新たな単元をいかに描くか、また、そこではいかなる学習活動を組織すべきかを検討することを求めている（「単元のまとまりが意味すること」Vol.9）。

(2) 単元づくりの「What（内容）」

次に、単元にはどのような内容（What）を位置付けるかである。「単元はある」のではなく、「単元は創る」という考え方に立つと、単元に何を位置付けるかを明らかにすることは単元づくりのスタートラインとなる。

単元は、各学校の教育課程に基づき教師が学習指導要領に示された主旨や内容を適切に解釈した上で、目の前の子供の興味・関心等によって、最

適な形で描くべきである。そのためには、まずは学習指導要領を確かに読み込み、教科指導の目的や価値を基盤に据えて何をどのように教えたらよいのかを考えながら、一方で洗練された教科書の教材単元のよさも活かしながら、資質・能力ベイスの単元を創ることが教師に求められている（「単元を創る出発点」Vol.3）。

ここで、学習指導要領をいかに読めばよいかということが問題になる。新課程では、教科目標の柱書に資質・能力ベイスの授業づくりの基本が示されている。教科等の「見方・考え方」を働かせて、教科らしい「学習活動（例えば、国語でいえば言語活動）」を通して、教科等が期待する「資質・能力」を育成するという３つの視点である。これらの関連を明確にしながら単元のまとまりを描いていくことが求められている（「教科目標を実現する単元」Vol.6）。そこでは、育成する「資質・能力」というゴールと「見方・考え方」の成長を意識しながら、教科らしい「学習活動」をいかに組織するかも大きな課題になる。見方・考え方を基盤に据えた「学習活動」を描いていくことはこれまでにはない新たな視点であり、これからの教師に期待される力量といえるだろう（「見方・考え方を働かせた学習活動」Vol.4）。

(3) 単元づくりの「How（方法）」

最後は、単元を描く方法（How）である。いかにして、新課程の理念を単元に落とし込んでいくかである。

まずは、見方・考え方を働かせた学習活動を成立させることである。子供が見方・考え方を働かせて学ぶためには、学習対象に積極的にかかわり、それにこだわり続けるためには、学習活動の目的や学びのゴールを明確に意識しているか、学習対象を価値あるものとして自覚しているか、そして学び進むために必要な見方・考え方を活かすことができているかなどの要件を満たしていることが必要となる（「学習目的の明確化」Vol.8）。

また、子供が見方・考え方を意識しながら学び続けるために、教材のつながりを見方・考え方で捉え直すことが肝要である。内容ベイスでは、指導内容のまとまりで単元枠を区切ってきたが、資質・能力ベイスでは、指導内容の連続性や関連性を見方・考え方に着目して整理し直して、新たなまとまりで単元枠をくくるなど、従来の教材単元の枠組みを再構成することも必要になってくる（「教材単元の再構成」Vol.7）。

この単元の再構成においては、見方・考え方の成長の視点から、学びの「縦」の系統と「横」の関連を意識することが求められる。「縦」「横」を意識した単元を描くことで、子供は学びから得た見方・考え方を働かせながら学び続けることができるようになる（「縦と横を意識した単元づくり」Vol.5）。さらに、見方・考え方の成長を支えていくには、学年や校種を越えた関連・連携を意識していくことも欠かせない。子供が身に付けてきた見方・考え方を働かせながら学びをつないでいくための単元デザインへの転換も期待されている（「見方・考え方の成長と校種間関連」Vol.10）。

これまでの内容ベイスの単元では、内容をもれなく指導していくための教材配列等に関心が向きがちであったが、資質・能力ベイスでの単元では、学び手である子供の見方・考え方、関心や思考と教師の期待するゴールや指導したい内容の折り合いつけながらどのような学習活動を描いていくかが重要になる。資質・能力ベイスの学びの実現に向けて「単元を創る」ためには、常にその両面をバランスよく意識しながらデザインし続けていくことが大切である（「学び主体へのアップデート」Vol.11）。

Profile

さいとう・かずや　横浜国立大学大学院修了。横浜市教育委員会首席指導主事、指導部指導主事室長、横浜市立小学校長を経て、29年度より高知県教育委員会事務局学力向上総括専門官、30年10月より現職。文部科学省中央教育審議会教育課程部会算数・数学ワーキンググループ委員。近著に『新教育課程を活かす能力ベイスの授業づくり』。

アプリシエイションという新しい評価

● POINT ●

笑顔の中でのコミュニケーションとしての評価を進化させ、インタラクティブ・アセスメント（対話型評価）としていっそう充実させる。さらに、今後は、児童生徒の真価を認め励ます評価としてのアプリシエイションを、フィードバックばかりではなくフィードフォワードを含めて実質化を図り、児童生徒の自己評価能力を中核とした自己学習能力を育成する。

●コミュニケーションとしての評価の更なる充実

2月7日に秋田県総合教育センターの「第34回秋田県教育研究発表会」で、「新学習指導要領完全実施に向けた新しい学習評価」と題した講演を行った。さすが、全国学テNo.1の秋田である。先生方には、非常に熱心にお聞きいただいた。そして、わたくしの講演以上に熱気があったのが、午前中の口頭発表とポスター発表であった。やはり、講演のある午後のみでなく、午前から伺ってよかった。感動した。驚いたのは、発表者に対するフロアからの笑顔の中での質疑の鋭さと誠実な回答、熱い姿勢であった。教育はホワイトorブラックかではなく、秋田はレッドandホットであった。素晴らしい。教育を愉しむというか、教育が誰よりも好き、というような笑顔での質疑応答と見受けられた。

さて、授業や教育をよくするには、その実践のベストプラクティス（最良実践事例）の感得が重要である。それこそが、教師の最終的な児童生徒のゴールイメージを作ってしまう。そこで、講演の最後に、かつてSGH甲子園で全国最優秀賞であった秋田南高のプレゼンテーションのビデオを見ていただいた。凄いパフォーマンスのビデオであった。児童生徒を伸ばそうとする評価の基本は、秋田の先生方のような笑顔の中でのコミュニケー

ションである。今後は、インタラクティブ・アセスメント（対話型評価）として、さらに進め充実させることが必要である[1]。

●今後の評価は、アプリシエイションを

Formative Assessment（形成的評価）という学習過程の中での評価は、プロダクトだけではなくプロセスをも重視する評価として、最重視すべきである。では、このプロセスにおける評価の重要点はといえば、マスタリー・ラーニングに資する評価行為というだけでは不足といえよう。

かつて、文部科学省「道徳教育に係る評価等の在り方に関する専門家会議」委員であった際、第2回会議において「評価という概念がエバリュエイション、アセスメントを越えて、アプリシエイションになっていき、励まし合って伸びていくという方向に変わっていくのではないかと思いますので、このような評価の具体的な実質化の在り方について考えていただきたい[2]」と述べたが、その思いを今いっそう強くしている。実は、この発言は、四半世紀前の村井実氏のご教示によるところが大きい。氏は、道徳教育の方法として、認め、励まし、力をかす、という三つを示していた[3]。

すなわち、児童生徒のすべてが「善く生きようとしている」という事実を「認める」こと。「励まし」とは、児童生徒が自分は「善く生きようとして

関西学院大学教授 **佐藤 真**

さとう・しん　1962年、秋田県生まれ。東北大学大学院博士後期課程単位取得退学。兵庫教育大学大学院教授、放送大学大学院客員教授などを経て、現職。中央教育審議会専門委員、中央教育審議会「児童生徒の学習評価に関するワーキンググループ」委員、文部科学省「学習指導要領等の改善に係る検討に必要な専門的作業等」協力者、文部科学省「教育研究開発企画評価会議」委員、文部科学省「道徳教育に係る学習評価の在り方に関する専門家会議」委員、国立教育政策研究所「総合的な学習の時間における評価方法等の工夫改善に関する調査研究」協力者、独立行政法人大学入試センター「全国大学入学者選抜研究連絡協議会企画委員会」委員などを務める。

いる」自覚をもち、信頼されていることを知ること。そして、児童生徒が「善さ」を求めて生きる過程での迷い等に知恵を「力をかす」ことである。

　以来、わたくしは道徳教育に限らず、認め、励まし、力をかす、という三つを教育活動の全てにおける指導と評価の基本と考えてきた。

　それは、授業とは、学校教育において教師と子供が教材を媒介にし、科学や芸術等の知識・技能等を習得し、その文化の内面化の過程で人格的発達を進める営みと捉えれば、認知能力とともに非認知能力も必要であり、自己肯定感をもって前を向いて学び生きる「活力ある学力」を児童生徒に育むことが重要だからである[4]。したがって、道徳でいえば善、教科でいえば真や美に対して、探究し続けている児童生徒の事実を教師は認め、児童生徒は教師から探究していると信頼されていることを知り、その上で、児童生徒が迷ったり戸惑ったりしているときには教師は知恵をかすことこそ求められよう。まさしく、児童生徒の真価を認め励ますという評価としてのアプリシエイション（appreciation）が今後を拓くものといえる。フィードバックのみならず、フィードフォワードも含めて。

　さらに、児童生徒が探究しているという自覚をもつためには、「ポートフォリオを通して、自分たちが今までどのようなことを考え、どのようなことができてきたのかということについて、自分たち自身が振り返っていく。そこに教師も入って子供と教師が一緒に評価活動を通しながら、評価と指導、評価と学習の一体化により、自分たちで自分たちの生き方を考える[5]」ことが必要である。児童生徒の学習が促進されるように、評価は機能すべきものである。児童生徒が粘り強く探究し続ける中で、自己の探究を自覚的に捉え自己調節をしていくという自己学習能力の根幹にある自己評価能力の形成こそが重要である[6]。児童生徒と教師の二者間で見取るだけでなく、学習に参画している全ての方々が評価に参加し、児童生徒の真価を認め励ますアプリシエイション評価を実質化することが肝要なのである。

　「This is Me!」。『The Greatest Showman』（2017年）というヒュー・ジャックマン主演のミュージカル映画の主題歌がある。是非、新しい評価として、一人一人の児童生徒が輝くための評価を期待したい。原石の中にあるダイヤモンドを見つけるためには、光を当てなければならない。その光こそが、評価なのだから。

[註]

1　秋田県の授業でのコミュニケーションの具体については、佐藤真「『教師の動き』には全てに意味がある」矢ノ浦勝之『秋田県式、「自ら学ぶ」子を育てる授業づくり』小学館、2015年、pp.4-11に詳しい。

2　「道徳教育に係る評価等の在り方に関する専門家会議（第2回）議事録」文部科学省、2015年を参照のこと。

3　詳しくは、村井実『道徳教育原理—道徳教育をどう考えればよいか—』教育出版、1990年、pp.210-216を参照のこと。村井実『「善さ」の構造』講談社学術文庫、1978年

4　佐藤真「学力の3つの柱と非認知能力の形成をどう考えるか」『学校の評価・自己点検マニュアル、追録第18号』ぎょうせい、2018年、pp.235-240を参照のこと。

5　同上2を参照。

6　詳しくは、佐藤真「総合学習における評価—子どもの自己評価の意味—」『教育方法学研究・第21巻』日本教育方法学会、1996年、pp.77-86。

学校教育を核とした「ふるさと創生」

豊かな体験と多様な学びをベースにした探究

文部科学省の「カリキュラム・マネジメント調査研究」の一環で、文部科学省カリキュラム・マネジメント担当官２名と独立行政法人教職員支援機構職員１名との４名で鹿児島県立屋久島高校（中間弘校長）を訪問した。同校には「普通科」の理系クラスの中に「環境コース」がある。コースの設定理由は「屋久島の環境（自然・文化・歴史・行政など）を学び、持続可能な社会形成に取り組む実践的能力や態度を身につける」「環境に関する基礎知識を身につけるとともに、外部講師による特別講義や宿泊研修など多様な行事に取り組む」「プレゼンテーション能力とインタープリテーション能力の育成を目指した体験型の学習の実践と幅広い進路実現への対応を目指す」である。カリキュラム・マネジメントの一つ目の側面である「現代的な諸課題（特に、環境問題について）に対応するための資質・能力の育成に向けた研究」に関する視察と指導が訪問の目的である。

訪問当日は、環境コースの授業「地元食材を使った郷土料理の調理実習」を参観した。地元の年配女性２名が講師である。１月は「けんちゃん」「屋久トロ春巻き」「べったい飯」「すまし汁」の調理に取り組み、今回は「あく巻き」（**写真１**：灰汁に漬けたもち米を竹の皮で包み紐で結んで炊いて作る。「ちまき」の一種）と「かからん団子」（ヨモギなどを練りこんだ餅を黒餡などで包み、「かから（ん）」の葉で包んだもの。草餅の一種）に挑戦している。昼食時にお相伴にあずかった。

環境コースの生徒は島内（ヤクスギランドを含む）や口永良部島等での宿泊体験、屋久島に関する多様な分野（動物・植物、地質・災害、行政・

写真１

文化、衣食住）の特別講座を経て、一人一人が課題研究に取り組む。今回の授業もその一環である。多様な分野の学びと豊かな体験活動を糧に取り組む研究は多彩であり質が高い。例えば、**写真２**は卒業生の「民具を活用したレクリエーションが参加者に与える影響」の研究成果のポスター（上半分）である。先行研究を踏まえ、屋久島の民具を用いた回想法を取り入れたレクリエーション参加者への影響を検証している。他に、「屋久島の民話・伝統を伝えるよりよい方法を探る」「シロノセンダングサの生育条件調査」「屋久島の自然が人の心に与える影響」「屋久島の子どもへよりよいセミナーを開くために」など、

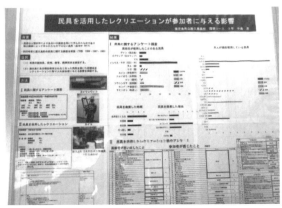

写真２

村川雅弘
甲南女子大学教授

実に多様である。豊かな体験と多面的な学びが質の高さと視野の広がりを実現している。

● 屋久島のよさと課題を探る取組を

指導・助言の参考になればと、訪問前日の午後、レンタカーを借りて島内を調査した。憧れの縄文杉は、丸一日を要する上、左足首が未完治のため、次回の楽しみに置いておく。「千尋の滝」や「平内海中温泉」「大川の滝」（**写真3**：ちょっと

写真3

ふざけて、滝で手を洗っている風）、「中間ガジュマル」などの名所に立ち寄った。

島の海岸線を一周する78号線沿いにも見どころはあるが、案内が分かりにくく何度か迷ってしまった。目についたのは「屋久島サイクリング」の幟である。3日後に「サイクリング屋久島」（10回目）が開催される。サイクリングでも観光客を呼ぼうとしている。今回は島内外の男女204人が挑戦したと報告されている。

屋久島高校は島で唯一の高校である。しかし、四つの中学校の卒業生の3割は主に部活動との関係で島外の高校に進学し、本校卒業生の9割は進学や就職により島外に出て、その大半は戻って来ない。今後の過疎化が心配である。前日の調査を踏まえ、指導・助言の際にいくつかの提案をさせていただいた。

まず第一に、授業に関しては、地域の方から伝統的な料理やお菓子の調理法を学ぶことにとどまらず、その経験や屋久島に関する様々な体験や知識を生かして、料理やお菓子などを生徒自ら開発することを

勧めた。実際、私が関わった総合的な学習の時間等でも、徳島県の小学校6年生が和菓子を開発し、それが商品化されたり[1]、高知県の小学校4

写真4

年生が新たなゆず製品を考えたり[2]、広島県の小学校3年生が特産物を使ったどんぶり（**写真4**）を開発し、それが給食メニューになったり、新潟県の中学生が「柿の種」の新銘柄や特産物を生かしたスイーツを開発したり、枚挙に暇がない。甲南女子大学生活環境学科は屋久島の企業と「たんかん香る　しっとりパウンドケーキ」や「たんかんドレッシング」「たんかん紅茶」などの商品を共同開発している。素材は豊富だ。高校生から新鮮で斬新なアイデアが出てくるだろう。

第二に、縄文杉だけに頼らない観光である。島の収入の6割は観光と聞いている。1万3000人の島におおよそ27万人が観光に訪れる。島の面積の21％は世界自然遺産で、1936mの宮之浦岳を筆頭に九州の標高8位までが屋久島にある。また、140の河川に無数の滝がある。しかし、前日の調査ではPRや案内の不十分さを感じた。13小学校、4中学校、そして屋久島高校が連携して、屋久島に継続・発展的に関わり、知り、愛して、島の活性化のために何ができるかを探究してほしい。例えば、「サイクリング屋久島」に関しても、イベント時だけにおもてなしをするのではなく、休憩所や手洗い場、観光案内版等々を充実させるべく、観光客の視点でも改めて島を見直し提案する学習を展開したい。全国に参考となる総合的な学習の時間の事例は多い。

第三は、このような学習を「環境コース」だけにとどめず、「普通科」全般や「情報ビジネス科」でも積極的に展開することである。中間校長は「本校卒業生を屋久島大使に」と述べられたが、同感である。進学先や就職先で必ず「君はどこの出身？」と聞かれるだろう。「屋久島です」と答えると、「縄文杉で有名だよね」と返ってくるだろう。そのとき、「他にもいいとこあるんですよ」と自然や伝統、文化、特産物等を熱く語ってほしい。「是非、行ってみたいな」「そんなところに住んでみたいな」という思いを引き出したい。子どものころに仲間や様々な年代や立場の人と取り組んだ地域活性化に関する発達段階なりの成功体験は「大学や専門学校、企業等でさらに力をつけて、島に戻って貢献したい」という強い気持ちを根付かせることにつながるかもしれないし、少なくとも故郷に誇りをもち、その思いを体験を踏まえた自分の言葉で伝えることになるだろう。

環境コースを中心としたカリキュラム・マネジメントにとどまることなく、島の存続や活性化につなげる教育活動を、屋久島高校が中心となり、小学校・中学校とのタテ連携、家庭や地域、企業、行政とのヨコ連携を図り、全国の「地域創生」のモデルとなる取組を期待したい。

ゲストティーチャーからの学び
当たり前に目を向ける

浜松市立花川小学校（澤田強志校長）は児童48名の小規模校である。澤田校長は、15年ほど前の研究主任時代に鳴門教育大学の「鳴門セミナー」に足を運んでいただき、ワークショップ型研修を直に体験された。「ワークショップを取り入れて、校内研修を活性化することができた」と会うなり熱く語られた。しばらくぶりの再会となった。高学年複式学級担任の髙林督教諭は元鳴門教育大学教職大学院生で、宇野主馬教諭は志筑小の授業で共に感動を味わった仲である。初めての訪問が実現した。

参観した授業は高学年複式授業の総合的な学習の時間「『はなかわ』をもっと元気に！　有名に！」である。5・6年生14名が3チームに分かれて、制作したプロモーションビデオや開発したお茶を使ったお菓子、バラのキャンドルやハーブティーなどを紹介し、前自治会長や現自治会長、地域活動推進者など5名のゲストからアドバイスをもらう授業である（**写真5・6**）。児童が発表や質疑の司会を担当した。言語活動が定着していた。特に、5年生が積極的でかつ中心的な役割を担っていたのが、印象深かった。保護者を対象としたプレゼンテーションを経験し、そのときの反省を踏まえていることもあり、どの児童も堂々と発表できていた。

写真5

写真6

ある5年生はそのときの「花川サミット」を次のように振り返っている。「おうちの人や友達がいろいろ意見や質問を言ってくれたので、うれしかったです。改善点があったので、これからの総合で、言われたことを直して、世界の人々に花川のよさを広めていきたいです」（一部省略しました。また、読みやすくするために一部漢字に変換しています）。

ゲストの方からのコメントは筆者自身学ぶことが

●Profile

むらかわ・まさひろ　鳴門教育大学大学院教授を経て、2017年4月より甲南女子大学教授。中央教育審議会中学校部会及び生活総合部会委員。著書は、『「カリマネ」で学校はここまで変わる！』（ぎょうせい）、『ワークショップ型教員研修　はじめの一歩』（教育開発研究所）など。

多かった。前花川町自治会長の佐々木聰氏は「花川町の魅力は、きれいな空気と青空、飲める湧き水、安心・安全な町、豊富な食物、新鮮な生野菜である。当たり前を見直すことが大事」と述べられた。また、現自治会長の高倉学氏も「地域の産業を勉強してくれるのは嬉しい。この地域は作物が2回作れる。改めて見るとよさがたくさんある」と述べられた。浜松駅からの道中、澤田校長が「校区に総合学習の題材になるものがあまりなくて」と言われていたが、お二人の言葉に大きなヒントをいただいた。総合的な学習の時間において探究的な課題を設定する際、自然や伝統、文化等に関して、他にないものをつい探しがちであるが、「当たり前」に目を向けることの大切さを思い知ることができた。

ゲストティーチャーの生き方に学ぶ

花川町の名前は、町の南部の谷を流れる川「花川」から名付けられたが、花川沿いにはたくさんの桜の木があり、また山の椎の木の白い花が川に浮いていた様子に由来するとも紹介されている（Wikipediaより）。ゲストティーチャーの天野和幸氏はこの町の名に相応しいことに取り組みたいと思い立ち、2000年に私設のバラ園「ばらの都苑」を開園され、約300種類1500株のバラやハナモモなどを育ててこられた。シーズンには1日1000人が鑑賞に訪れるが、無料である。

澤田校長にお願いし訪問させていただいた。改めてお話を伺った。実は、早世された奥様・都（みやこ）様への供養として、奥様が好きだったバラを植えようと奥様と営んでいた茶畑をバラ園にされた。バラの研究を自学・独学で続けてこられた。「98%、一人で手掛けてきた」そうだ。

2016年には「全国花のまちづくりコンクール」個人の部で最優秀の「農林水産大臣賞」を獲得されている。色々と工夫して楽しまれている。

写真7

例えば、**写真7**にはスパイラルな形の松、その後ろには眼鏡橋、東京タワーが見える。花満開のシーズン（ハナモモは3月、バラは5月）に是非再訪したいものだ。

前自治会長の佐々木氏には来年度はコミュニティ・スクールの学校支援コーディネーターとして、ボランティアや学校環境整備に関しての地域の人とのつなぎ役になっていただくそうである。地域には佐々木氏や天野氏のような地域を愛し、地域に貢献されている人材が豊富にいる。子どもたち自身でそのような人たちを発掘するとともに、関わりを通して生き方を学んでいってほしい。

前号でも特集の中で述べたが、地方が元気になることで国全体が豊かになる。屋久島高校と花川小学校に期待するように、学校が学校教育の充実を図るだけでなく、現在の地域社会と来るべき未来社会への発展に寄与することを願ってやまない。子どもたちは「未来からの留学生」である。

［参考文献］

1　村井徹志・弘瀬恵二「夢の和菓子開発プロジェクト」村川雅弘編『子どもたちのプロジェクトS「総合的な学習」－8つの熱き挑戦！』日本放送出版協会、2002年、pp.11-43

2　前田多栄・山中昭岳「もう一つのゆず製品を考えだそう」前掲書1、pp.45-61

カウンセリング感覚で高める教師力

[最終回]

「先生」の喜び

 ## 子供をまるごとみる

　この連載も、今回が最終です。本連載のテーマは、子供たちと〈時と場〉を共有している「先生」の価値の追究であると思います。私自身、自戒を込めて〈学び人としての先生〉を問いたいところです。

　ロジャースの文献に、以下の文言があります[1]。

> 　わたくしの見解では、わたしたちは、教育に関して、まったく<u>新しい状況に直面している</u>のであって、この新しい状況における<u>教育の目標は、（もしもわたくしたちが生き残ろうとするならば）変化と学習を促進すること</u>になるのです。
> 　教育されたと言える人は、<u>いかに学ぶかを学んだ人</u>、<u>いかに変化し適応するかを学んだ人</u>、確実な知識など一つもなく、<u>知識を求めている過程のみが確実性の基礎を与えるということを実感している人</u>なのです。弾力的に変化できること、つまり、固定した知識よりもむしろ過程（process）に信頼を置くことが、現代の世界における教育の目標として、意味をなす唯一のものなのです。
>
> ＊下線：筆者

　約40年以上前の彼の論述ですが、教育の目的と学び人の価値を的確に言い当てていると思います。それは、いつも「新しい状況に直面すること」「変化と学習を促進すること」を目標とすることです。そこでの学び人は「いかに学ぶかを学んだ人」であり、「変化に適応するかを学んだ人」「その過程を実感する人」であるというのです。

　この見解は、今日にあっても次代にあっても教育の基本原理としての普遍性を有していると思います。目の前の子供個々をありのままに<u>みる</u>（見・観・診・視・看）ことです。ここにある教師の純粋さが、子供の生き方や内なる可能性をよりよい〈変化と学習〉に仕立て上げていくのです。

 ## 引き出す楽しみ

　「先生」の生業と営みには、以下の3つの機能があると考えられます（図）[2]。

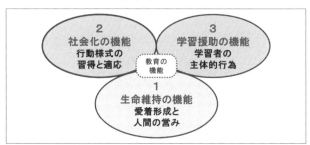

図　教育の3機能

　これらを統合し止揚することが「先生」の仕事です。私たちそして万物には〈いのち〉があり、それを保全・維持する潜在的な能力があります（1）。このエネルギーをベースにして、ヒトとして他の動植物とは異なる社会的・文化的な人間の営みを生き抜く叡智をはぐくむ能力を獲得していきます（2）。それは自律的にしかも後天的な能力として人間が学び解くものです（3）。これら3つの漸進性が学習と教育のインタラクティブな融合を成し、子供と先生が実感し合い修得し合って喜びを味わうものです。

　参考文献1（本欄末参照）に学び、改めて教育の意味を問うとき、Education（英）やBildung（独：「陶冶」）の語句には学び人の能力を〈引き出す（educe）〉ことがその基本にあることを理解したいところです。この原理を子供たちと日々たゆまなく共有し合うところに「先生」の自覚的な喜びがあります。

　また、哲学的な視座から教育を考えたボルノーの

東京聖栄大学教授
有村久春

ありむら・ひさはる　東京都公立学校教員、東京都教育委員会勤務を経て、平成10年昭和女子大学教授。その後岐阜大学教授、帝京科学大学教授を経て平成26年より現職。専門は教育学、カウンセリング研究、生徒指導論。日本特別活動学会常任理事。著書に『改訂三版 キーワードで学ぶ 特別活動 生徒指導・教育相談』『カウンセリング感覚のある学級経営ハンドブック』など。

見解も示唆的です。彼は著書[3]の冒頭でカントが述べる〈人間は教育されねばならない唯一の動物である〉との言葉を引き、「人間は自力だけでは生きて行けない状態で生まれて来て、古い世代の者たちの努力によってはじめて、自分で生きることのできる状態にまで育てられねばならない」と記しています。そして、「幼い者たちを十分に生活できるまで助ける仕事を教育という」と述べています。教育の意味を、生を受けた人間の在り方と人を一人前にする仕事として位置付けています。

 ## 教えを請う愉しみ

スーパーヴィジョン（Supervision）を受けることです[4]。例えば、授業研究やケース研究を通じて、先輩教師やその道の専門家（講師）などに自らの教育実践のプロセスをみてもらうことです。

その最善は、子供とのやり取りを記した逐語記録が有益でしょう（以下：その例）。

> T：先生　　S：生徒
> T1：この式のxの解を求めるには、どのような考えがあるだろうか？
> S1：えーと、まず左辺の（　）をとるように考えるといいと思う……。
> T2：なるほど……（　）をとる……、（　）を開くということね。君の考えは、こういうことかな？（黒板に書く）
> S2：うーん、いや……それもありだけど……、先に（　）のあとの数値を移項することも、いいと思うけど……S1君と違う考えだけど……。
> T3：うーん、いま2つの考えが出ているよね。このことから、言えることは。
> S3：どっちが、いいの？　先生。
> S4：そうだよ。頭が混乱するけど……。
> T4：そのことをいまここで考えたいのだが……どうですか？
> 　　　　　　　　　　　　　　　　　　　　　　（以下略）

ある数学の授業場面です。ここでのスーパーヴィジョンはどのように展開されるでしょうか。例えば、「T2でS1の考えを受け、黒板に書きながら、こうかな？　とさらに問い掛けています。この問いがS2を引き出していると思われます……」「もしT2で、そうですね、S1の考えでいいですね、と応じていたら……T3そしてS3やS4の新たな疑問も生まれないと思う……」などの学び合いが双方にみられるでしょう。

このように、教育実践のありのまま（記録）をスーパーヴァイザーに語り掛け、一緒に学び合うことです。「先生」自らが講師らに教えを請い、子供との学びの事実に向き合うとき、新たな子供の発想に双方が気づき合うことがあります。そこでの学びの深め合いが〈先生の成長〉そのものです。

ここではスーパーヴァイザーの側が多くの学びを得ることが多々あるものです。いわゆる〈転移と逆転移〉の問題です。子供と先生の場合でも、子供が先生のことを好きになると（転移）、先生も子供の学びが好きになり（逆転移）、より高次の学びの事実を互いに体験することになります。

[参考文献]
1　カール・ロジャース著、伊藤博訳『人間中心の教師』（『新・創造への教育』第2巻）岩崎学術出版社、1984年、pp.5-6
2　有村久春著『教育の基本原理を学ぶ』金子書房、2009年、p23
3　ボルノー著『哲学的教育学入門』玉川大学出版部、1973年、p13
4　皆藤章編『心理臨床実践におけるスーパーヴィジョン』日本評論社、2014年、第7章を参考にした。

月のことでしたので、寒い中、やってくれたのです。

勝也の弟は、保育園のとき、少々やんちゃでした。先生の言うことも聞かないことがたびたびあったそうです。

ところが、私とのやりとりを通して変わっていくのです。

「僕は小学校の増田先生に褒められた。だから、小学校ではちゃんとできるはずだ！」

と思い込んだのです。

勝也の弟が、４月になって小学校に入学してきたとき、私は心配だったので、教室に見にいきました。すると、ちゃんと座って先生の話を聞いているのです。

それからの成長は、びっくりするほどでした。先生の話をちゃんと座って聞くだけでなく、勉強も運動も頑張るようになり、４年生では運動会でクラス対抗のリレーの代表選手になるのです。さらに、６年生では、なんと児童会長になってしまうのです。

■４月の学級づくり・学級経営のポイント

子どものバカバカしさに共感する！

私は、勝也の弟に「服を脱いで素っ裸になるのが早い」と褒めただけなのです。それだけなのに、子どもは見事に成長していくのです。子どもの可能性は、本当にすごいと思わせられた出来事でした。

今の子どもたちは、「勉強や運動ができること」「教師や親の言うことをよく聞くこと」などは、褒められます。逆に、バカバカしいことは怒られることが多いのではないでしょうか。ちょっとやんちゃな子やいたずらな子を含め、子どもは絶えずバカバカしいことを考えているのです。そんなバカバカしいことを、本気になってやってみることが許されるのが、子ども時代の特権だと思うのです。

子どもを、ちょっと別の角度から見てみましょう。きっと、別の側面が見えてくるはずです。「やんちゃだと見てみるのではなく、少々元気がよい」とか「くだらないことばかりすると見るのではなく、日々おもしろいことを考える、子どもらしさをもっている子だ」と考えてみたらどうでしょうか。

教育という仕事は、「教師や大人が、子どもを育てる中で、自分の中にある子どものしっぽを見つける作業だ」と思うのです。

大人になるということは、子どもらしさを捨て去ることではありません。自分の中に残っている「子どものしっぽ」を見つけ、その部分で子どもと共感していくことができたとき、子どもとの新しい関係性が創り出されていくのだと思うのです。

ユーモア詩でつづる
学級歳時記

［最終回］

白梅学園大学教授
増田修治

ますだ・しゅうじ　1980年埼玉大学教育学部卒。子育てや教育にもっとユーモアを！と提唱し、小学校でユーモア詩の実践にチャレンジ。メディアからも注目され、『徹子の部屋』にも出演。著書に『話を聞いてよ。お父さん！比べないでね、お母さん！』『笑って伸ばす子どもの力』（主婦の友社）、『ユーモアいっぱい！小学生の笑える話』（PHP研究所）、『子どもが伸びる！親のユーモア練習帳』（新紀元社）、『「ホンネ」が響き合う教室』（ミネルヴァ書房）他多数。

■今月の「ユーモア詩」

弟ってすごい？

並木　勝也（4年）

こないだ弟が外を走っていました。

弟が

「ぼく、すごいのできるよ！」

と言いました。

弟は走りながらぼうしやクツも

ぬぎました。

そしてクツ下もぬげて

ズボンもぬげました。

それから弟はぼくに

「まっ、お前じゃできねーな。」

と言いました。

そんなのやりたくねーよ！

■子どもは、日々笑いたいのです

勝也がこの詩を書いてきたときに、私は大笑いしてしまい、勝也に声をかけました。

「ぜひ、見に行きたい。弟に聞いてみてくれないか」

「いいよ」

と言ってくれたので、私は家まで行ってみました。すると、

「やるから見てね！」

と得意そうな顔で、道路でやってくれたのです。

走りながら、次々と服を脱いでいきます。ついに、パンツ1枚になりました。それも、脱いで素っ裸になって

「どう、すごいでしょ！」

と言ったのです。なんと、50秒くらいで全部脱げてしまったのです。道路で素っ裸になって、得意そうに見せているのを。

想像してみて下さい。

私は、

「すごいねぇ〜。たいしたものだね。これは、誰にも真似できないよな〜」

と、めちゃくちゃ褒めたのです。弟は、ニコニコしていました。

それから2週間位経ったときです。兄の勝也から、

「弟が技に磨きをかけたので、もう一度見に来てほしいそうです」

との伝言が届きました。そこで、また家に行ってみたのです。すると、またしても道路でやってくれたのです。

「やるから、見てね！」

と言って、服をどんどん脱いでいきます。そして、またしても素っ裸になって、得意そうな顔を見せてくれました。なんと、今度は、25秒くらいでできてしまったのです。

私は、

「すごいね〜。もう、ここまで来ると名人芸だね。誰にも真似できないなぁ〜」

と褒めまくったのです。

勝也の弟は、このとき保育園の年長でした。卒園する少し前の2

支援者を呪縛する煩悩からの解放

この連載では、支援者を支援することをテーマに私なりの考えを述べてきました。最終回となる今回は、これまでの各論を振り返ってみながら、支援者を呪縛する煩悩からの解放手続きについて、まとめてみたいと思います。

原因論にまつわる煩悩

私の手帳には、ケースの相談を受けたときのメモが書き込んであります。それを見ると、生徒指導や特別支援の現場で、対象となる子供への支援に携わっている人たち（支援者）には、ある種のこだわりがみられることがあります。それは、支援対象者に対して、①やる気がない、②わざとやっている、③反省させたい、④厳しい指導が必要、といった、支援に対してのこだわりや決めつけがあるように思えるのです。

しかし、実務家としての立場からいうと、それらは、その子のためにしているように見えて、実は自分の納得のためにしていることが多いように思います。そのために、支援の効果が見られず、支援者自身が困ってしまうといった事態に陥ることがあります。つまり、支援のミスマッチが起きてしまうのです。こうした思い込み、こだわりをこの連載では"煩悩"と呼んで、そこからの解放に向かう道筋を探ってきました。

例えば、約束を守らない、無気力といた状況に対して、「やる気がない」と思いたくなる煩悩をもってしまいがちですが、それは、現象的な面だけを捉えるのでなく、約束を守るまでのプロセスの中で人間関係を継続していくこと、つまり、守れたか守れなかったかではなく、守れるまでのプロセスをつくっていくことが大事だということを指摘しました。

嘘をついたり、面倒を起こして困らせる子供に対して、「わざとしている」という煩悩をもつ支援者もいます。しかし、私たちのお相手は、詐欺師のような手練手管をもってはいません。わざとしているように見える行動は、実は自分を変えたいと思ってやっていることが多いものです。「わざとしている」ような困った行動は、その子の本態や本当の思いを見極めるチャンスとなるのです。

このように行動の原因を決めつけることなく、対象者にとって納得のいく支援を心がけることが重要なのです。

指導論にまつわる煩悩

支援対象者への基本的な指導として「自分のことをわからせる」というものがあります。しかし、自分の短所を突き付けられるのは一般の人でも嫌なものですし、「良いところ探し」も、対概念として短所に気づかせることになり、罪作りな指導といえます。自己理解への支援には、あるがままを受け入れるということが大事で、例えば、他者批判をする子に対しては、「自己中心的な行動がみんなの迷惑になることが理解できている君はすごい」と言ってあげるといった的外しな指導が効果的です。つまり、「この子はなぜこうなったのか」と考えるよりも、今の自分をより良くしていくアプローチを考えていくべきだということもこの連載で指摘しました。

おぐり・まさゆき　岐阜県多治見市出身。法務省の心理学の専門家（法務技官）として各地の矯正施設に勤務。宮川医療少年院長を経て退官。三重県教育委員会発達障がい支援員スーパーバイザー、同四日市市教育委員会スーパーバイザー。（一社）日本LD学会名誉会員。専門は犯罪心理学、思春期から青年期の逸脱行動への対応。主著に『発達障害児の思春期と二次障害予防のシナリオ』『ファンタジーマネジメント』（ぎょうせい）、『思春期・青年期トラブル対応ワークブック』（金剛出版）など。

小栗正幸
特別支援教育ネット代表

「毅然とした指導をすべき」というのも、カンファレンスの場でよく聞くことです。しかし、ネガティブな行動には、支援対象者のこだわりがあります。それを支援者のこだわりで対応しようとすれば支援は堂々巡りをしてしまうでしょう。

例えば、「クラスの人の目が冷たいから教室に入れない」と言う子に対して、「そんな子ばかりじゃない」とか「考えすぎ」と言って教室に入れようとするのは、こだわりにこだわりで答えているだけで、効果はありません。それならば、「そんな困っていることを相談してくれてありがとう」と的外しをしてみます。つまり、ネガティブな状況をポジティブな状況に変えていくのです。そこから、支援対象者の本当のニーズを探る可能性が出てきます。支援者は自分の中にこそあるこだわりに気づく必要があるのです。

人間性にまつわる煩悩

「この子のために」というのは多くの支援者が思うことです。困っている支援対象者に対して、「なんとかしてあげたい」と思うのは支援者として当然の思いでしょう。しかし、これも煩悩の一つとなってきます。つまり、「困っていること」の多くは、実は支援者が困っていることである、ということが多いのです。

例えば、自己肯定感を高めたいと思って褒めてあげようとします。しかし、その子に褒める所がないと嘆く支援者は多いものです。すると他の子には褒めないような些細なことを褒めてあげたりします。子どもはそんな褒められ方に納得するわけがありません。むしろ自分がバカにされている気分を味わわされることになります。

このように、支援者の人間性から発揮される指導は、支援対象者にとっては迷惑なものになりがちです。そこで、人間性によって解決を図ろうとするのでなく、必然性からアプローチすることをお勧めします。

例えば、「そこのゴミを拾ってゴミ箱に捨てて」と簡単な用事を言いつけます。子どもは言われたとおりゴミを捨てます。そこで、その子をしっかりと見て「ありがとう」と言うのです（この連載で度々登場した方法です）。

このことで、行動と「ありがとう」が必然性をもってきます。さらに、支援者と対象者とのコミュニケーションづくりにもなります。そのことでお互いの信頼関係をつくるきっかけにもなるのです。

自らの人間性によって支援が狭められることなく、「この方法でよいだろうか」「（支援対象者に）こんな面白い所があった」「これは（支援対象者にとって）かけがえのないものだ」と思う心を常にもって、アプローチをしてもらいたいものです。

その際に、キーワードとなるのが「ユニバーサルデザイン」です。

誰に対してもどんな場面でも公平で自由に使え、簡単で安全で、必要な情報がすぐわかる。それがユニバーサルデザインの考えです。

ユニバーサルデザインを携え、煩悩にとらわれずに対象者のニーズにマッチした支援に、今こそ舵を切っていきませんか。　　　　　（談）

学んだことを多様な表現方法でまとめ、発表する子ども

第2学年　生活科「発見！ 荒町だけの宝物」の実践

●step12

2020年度に向けて、スタートカリキュラム作成委員会町探検で学んだことを振り返る活動を通して、子どもたちは、荒町の宝物をみんなに伝えたいという思いが高まり、発表会をすることになった。子どもたちは、町探検で学んだことを、多様な表現方法を用いて1年生、保護者、地域の方々に伝えることができた。

町探検を通して、子どもが資質・能力を培うために、教師は、子どもの思いや願いを実現する体験活動を充実させるとともに、表現活動を工夫し、体験活動と表現活動とが行きつ戻りつする相互作用を意識することが重要である。

今回は、子どもたちが町探検で発見した荒町の宝物を、多様な表現方法を用いて友達と伝え合った発表会の実践について紹介する。

単元名

発見！　荒町だけの宝物（105時間）

　　第2学年内容（3）（8）

単元の目標

地域を探検したり、地域の人と交流したりする活動を通して、自分の生活が地域の人や場所と関わっていることや地域の人と関わる楽しさが分かり、親しみをもって地域の人と接することができるようにする。

実践の概要

（1）町探検の振り返り

子どもたちの発見を共有するために、グループ内での発表後、学級全体で発表を行った。教師は、発表内容を板書し、可視化と共有化を図った。板書の内容を基に、子どもたちは、働く人の思いがみんな同じだということや、仕事によって努力や工夫している内容が違うことに気付くことができた。

学級全体での発表を通して、学びを共有した子どもたちは、学んだことについて、1年生や地域の方々、保護者に伝えたいという思いをふくらませ、まとめる活動に取り組むことになった。

（2）発表会に向けて～表現方法を選択～

まとめの活動では、何を伝えたいのか、これからの自分に何ができるのか、身に付いた力はどんな力なのかについて、グループごとに話し合った。

子どもたちは、昨年度の6年生が作り、校内に掲示してあった地域弟子入り体験活動のポスターを見ながら、みんなに伝えたいことをキーワードでまとめていることや、大事なことを目立たせる工夫をしていることに気付くことができた。

写真1　6年生が作成したポスターを見る子どもたち

写真2　大事な所に赤線を引く活動

子どもたちは、1年生に地域のことを楽しみながら知ってほしいという思いから、あるグループは、学んだことをすごろくにまとめた。サイコロは、算数で学習した「はこの形」の学びを活用し、立方体の展開図を作って上手に作ることができた。また、サイコロの目を、数字のかわりにお店で見つけた人

仙台市立荒町小学校教諭
鈴木美佐緒

気のパンやパーマ屋
のはさみなどで表す
などの工夫も見られ
た。

　ほかにも、表現方
法として、壁新聞や
ペープサート、ポス
ターなどを用いたグ
ループもあった

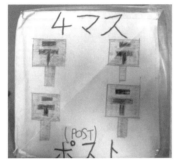

写真3　教科書を見ながらを作ったサイ
コロ

写真4　すごろくにまとめたもの

写真5　模造紙にまとめたもの

（3）発表会

　町探検発表会では、荒町の宝物を伝えるために、
2年生は堂々と1年生に向けて発表し、1年生から
質問を受けたり、感想を聞いたりした。

　発表会に向けて、本当にこれで1年生に伝わるの
か、自分が伝えたいことが書いてあるのかなどを見
直して、加除修正するグループも見られた。

　1年生への発表会後、保護者や地域の方々にも伝
えたいという思いが高まり、2回目の発表会を行う
ことになった。

写真6　新しい紙を貼って、修正する活動

写真7　1年生に向けて発表する

　2回目の発表後に、保護者や地域の方々から、感
想をいただいた。感想を読んだ子どもたちは、改め
て自分たちが活動を通して、荒町の宝物を発見した
ことを自覚することができた。

【保護者からの感想】
　私は、荒町に住んでいますが、知らないことがたくさん
あったので、今度、娘に教えてもらいながら、一緒に荒町を
探検したいなあと思いました。荒町の方は、みんなが町に対
して同じ思いだったので、これからも、もっとよりよい町に
なるために、みんなで力を合わせてやっていきたいです。
荒町の宝物を教えてくれて、ありがとう。

（4）身に付いた力

　子どもがまとめた模造紙やすごろくなどには、町
探検を通して、自分が身に付けた力や、これからの
自分に関する考えの記述もあった。

【子供が書いた身に付いた力】
　私は、町探検で情報をまとめる力がつきました。みんなが
知らない宝物を整理したり、自分が伝えたいことは何かを考
えたりしたからです。
　地域の方々は、みんな優しくて、荒町を盛り上げていきた
いということを知ったので、これから私は、地域の行事に参
加して、みんなで力を合わせていきたいです。

「対話力」が未来をつくる（2）

東海国語教育を学ぶ会顧問
石井順治

探究的・対話的学びとICT

ICTと対話、これからの教育はこの二つの関係を抜きに進展させることはできません。

一年にわたって述べてきたように、学びにおいて対話はなくてはならないものです。私たちは、対象と対話し、他者と対話し、そして自分自身と対話することによって学びを深めています。学びは対話なしには生まれません。ICTを活用したときその対話はどうなるのでしょうか。もちろん、探究的・対話的な学びにおいてです。

ICTには膨大なデータが蓄積されています。それらのデータはいわば宝の山だと言えます。それをどのように引き出し組み合わせ、そこから何をつくりだせるのか、そこには想像を超える可能性があるにちがいありません。

ICT機器を前にした子どもは、きっと目指す課題に向かって引き出したデータと対話をするでしょう。そうすれば求めるものを探し当てようとする子どもの期待にデータは応えてくれるにちがいありません。こうして得られた情報・資料をもとに子どもたちは自分自身と対話しながら、目指す課題に一歩一歩近づいていくことになるのです。

そう考えれば、ICTによる学びにおいても、それがたった一人で取り組んでいる場合であっても、対話は行われていると言えます。ただ、そこに子どもを学びから遠ざけかねない危うさが潜んでいることも知っておかなければなりません。そうでないとICTと対話的学びが結びつかなくなるからです。それは

どういうことでしょうか。

ICTと人間らしさ

ICTから得るデータはあくまでも蓄積されているものです。探究的・対話的学びで子どもたちに目指させたいのはそういう過去につくられたものを探し当てることではありません。探し当てたものをもとに、データそのままではない、子どもにとって未知の何かを発見する、もっと言えばつくりだす、そういう学びをさせたいのです。過去につくられたものを利用するだけではなく、過去のものを手掛かりに、今ないものをつくりだすことに喜びを感じる子どもにしたいからです。では、子どもたちがICTに向き合うとき、そういう構えで学びに向き合うにはどうすればよいのでしょうか。

そもそもICTでは決して生み出せないもの、人間の手によらないとつくりだせないものがあります。速く、便利で、わかりやすければすべてよいというわけではありません。時間をかけた徒労とも思える模索と没頭を経て人の手によってつくりだされるものの中に、人間らしい生命を感じるのは私だけではないでしょう。ICTが急速に拡大されていく現代社会においてこうした人間的なものへの尊重を忘れてはならないのです。ICTと人間らしさ、それはこれからの社会における重要な課題です。

再び、対話とICTの観点に戻しましょう。私が危惧しているのは、ICTにおいても「対話的学び」は成立するのですが、そこで使われる言葉から人間的なものが失われないかということなのです。

●Profile

いしい・じゅんじ　1943年生まれ。三重県内の小学校で主に国語教育の実践に取り組み、「国語教育を学ぶ会」の事務局長、会長を歴任。四日市市内の小中学校の校長を務め2003年退職。その後は各地の学校を訪問し授業の共同研究を行うとともに、「東海国語教育を学ぶ会」顧問を務め、「授業づくり・学校づくりセミナー」の開催に尽力。著書に、『学びの素顔』（世織書房）、『教師の話し方・聴き方』（ぎょうせい）など。新刊『「対話的学び」をつくる　聴き合い学び合う授業』が刊行（2019年7月）。

　一人の子どもがICT機器を操作している様子を想像してみましょう。もちろん子どもの頭の中では言葉が飛び交っているでしょうし、機器からは文字として音声として言葉が発信されているでしょう。しかし、それは生きた人との対話ではありません。そこに、わからなさに寄り添い、ともに考え、何かを探究する喜びを共有する関係性はなく、その言葉に人間的な温もりが感じられないでしょう。

　人は古来より、人と人とのかかわりにより、ここまでの発展を遂げてきたのです。人は一人では生きられません。人間社会の発展も、個人の生きる意味も、そこに他者とのつながりがあるから保たれているのです。ICTの進展によって仮にもその「つながり」が薄まっていくとしたら、それは人間性の喪失を招き、人間社会の衰退を引き起こします。

　そう考えると、ICTを有効に活用するとしても、仲間とともに対話しながら協同的に学ぶ機会をつくらなければ絶対にだめでしょう。それは、知識の獲得を目指して一人で機器に向き合う学び方とは違って、ICTを媒介にして他者とともに何かの創出・発見を目指して探究する学び方です。それは、ICTに頼り、ICTに従う生き方ではなく、どこまでも「新たなるもの」を目指して挑戦するいわば開拓的な生き方です。

　そのとき、人と人との間で交わされる言葉が極めて大切になります。それなくして「新たなるもの」は生み出せないからです。しかし、子どもの場合、人との対話よりもICTに頼り、ICTに夢中になる危険性があります。そう考えると、「対話的学び」の実現は簡単ではなくなります。ICTの便利さ、わかりやすさに溺れ、思考・探究することが痩せていったとき、子どもたちの学びは深まらず、人間らしさや人としての可能性も実現できなくなっていきます。子どもたちの未来にかかわる仕事をする教師としてこのことから目をそらすことはできません。

「対話力」が未来をつくる

　次の時代の学び方のカギを握っているのはICTです。時代は確実にその方向に動いています。もしかするとここに記した私の懸念など取るに足らないものかもしれません。けれども、そういう小さな懸念に対しても急がず丁寧に考察・研究し、ICTが人間の豊かさにつながるものとして機能するよう努めなければなりません。主体はあくまでも人でありICTではないのですから。

　そのとき、キーポイントとなるのが「対話力」ではないでしょうか。対話を失うということは、言葉を失うだけではありません。思考力も判断力も、人と人とのつながりも、つまり人間として生きることそのものをなくすことになるのです。もちろん「探究的学び」に「対話」は欠かせません。「対話」はなくてはならないものです。「対話力」が未来をつくるのです。そのもっとも重要な力を育もうとしているのが「主体的・対話的で深い学び」なのです。

　いよいよ4月から新教育課程全面実施です。全国の学校でどのような「対話的学び」が行われ、子どもたちがどのような「学び手」に育つのか、期待を抱いて見守りたいと思います。

　一年間、ご愛読ありがとうございました。（了）

『学校教育・実践ライブラリ』特集総覧　平成31（2019）年4月～令和2（2020）年3月

Vol.1　学校の教育目標を考えてみよう―学校目標から学級目標まで

●インタビュー
「志」を土台に目標達成を―一人と組織をよりよく導く「未来を管理する力」と「選択理論」
青木仁志［アチーブメント株式会社代表取締役社長アチーブメントグループ最高経営責任者（CEO）］
●論考
学校教育目標と校長のリーダーシップ　天笠　茂
学級目標の投げかける問題　赤坂真二
●事例
「学校経営マンダラート」で創る教育目標と連動した教育活動―高知県本山町立嶺北中学校で開発した新しいカリキュラム・マネジメント　大谷俊彦
学級目標の設定と1年を通した実践化―岐阜県山県市立梅原小学校の取組　大山夏生
●提言
教育目標で校長の手腕は分かる　角田　明

Vol.3　これからの通知表のあり方・作り方を考える

●インタビュー
新たな時代に即した評価活動を―学習評価と通知表のこれまでとこれから
田中耕治［佛教大学教授］
●論考
通知表に求められる役割　嶋﨑政男
3観点をどのように評価していくか　田中耕治
「特別の教科　道徳」の評価　林　泰成
「外国語活動」の評価のあり方　瀧本知香
「特別活動」の評価と表記　林　尚示
通知表の趣旨と機能を生かす　行動の記録・総合所見の評価と表記　喜名朝博

Vol.4　働き方で学校を変える―やりがいをつくる職場づくり

●インタビュー
授業と校務の一体改革で活力ある職場づくり
西留安雄［高知県教育センター若年研修アドバイザー］
●論考
新学習指導要領の全面実施のタイミングは教師が成長するチャンス　野口　徹
●事例紹介
秋田に学び、目の前の子供たちに生かす協働の授業づくり　北海道白老町自主サークル「能代会」
●随想
家と学校とごみ捨て場の三角形、そしてときどき四角形　八釼明美
●オピニオン
今、「やりがい」を見出す力を　長尾剛史
教師がやりがいを感じ笑顔で教壇に立つ学校に　石原正樹
●提言
モチベーションを高めるメンタルマネジメント　清水隆司

Vol.2　評価と指導―全面実施直前・各教科等の取組課題

●論考
国語〈小〉単元における目標設定と指導事項の精選を　樺山敏郎
国語〈中〉指導事項に基づいた資質・能力の育成と評価の重視を　冨山哲也
社会〈小〉思考の深まりを捉える評価と多様な学習活動の工夫　北　俊夫
社会〈中〉課題追究学習と“自己調整”を組み込んだ指導と評価　工藤文三
算数〈小〉授業改善と評価をセットで構想する資質・能力ベイスへの転換　礒部年晃
数学〈中〉「数学的な見方・考え方」の位置付けを明らかにする　永田潤一郎
理科〈小〉評価の観点の趣旨を生かして授業をデザインしよう　川上真哉
理科〈中〉学習指導要領解説理科編から探究の過程を十分に読み解く　小林辰至
生活〈小〉一層の充実が求められる指導と評価の一体化　朝倉　淳
コラム　学習評価の基本的な枠組みと改善の方向性
音楽〈小〉学ぶ楽しさや喜びを実現する指導と評価　宮下俊也
音楽〈中〉主体的・協働的な学びを実現する指導と評価　宮下俊也
図画工作〈小〉子供の主体的な活動を支援する指導と評価　阿部宏行
美術〈中〉生徒一人一人の学習の進捗を見据えた評価　福本謹一
家庭〈小〉「生活をよりよくしようと工夫する」資質・能力を踏まえた評価と指導　岡　陽子
技術・家庭（家庭分野）〈中〉「生活を工夫し創造する」資質・能力を踏まえた評価と指導　岡　陽子
技術・家庭（技術分野）〈中〉技術分野の学習過程に即した多様な評価と学習課題の設定　古川　稔
コラム「主体的に学習に取り組む態度」の評価の基本的な考え方
体育〈小〉人間性に関する指導内容と評価に注目　岡出美則
保健体育〈中〉評価の観点の読み取りと捉え直しから保健体育科の授業をつくる　今関豊一
外国語活動・外国語〈小〉パフォーマンス活動を通した「思考・判断・表現」の評価がポイント！　菅　正隆
外国語〈中〉「知識・技能」を活用したコミュニケーション能力の育成　菅　正隆
特別の教科　道徳〈小〉「主体的・対話的で深い学び」の道徳授業づくりと評価　毛内嘉威
特別の教科　道徳〈中〉人間としての生き方を多面的・多角的に考えさせる指導と評価　毛内嘉威
総合的な学習の時間〈小〉各教科等における見方・考え方を活用した学習活動の工夫　佐藤　真
総合的な学習の時間〈中〉実社会と自己の生き方を関連付けて学ぶ探究学習　佐藤　真
特別活動〈小〉「為すことによって学ぶ」特別活動の特質を踏まえた多様で柔軟な評価　有村久春
特別活動〈中〉新しい評価を人間形成に生かす　城戸　茂

◆『学校教育・実践ライブラリ』特集総覧

Vol.5　校内研修を変えよう	Vol.7　思考ツールの生かし方・取組み方―授業を「アクティブ」にする方法
●インタビュー 「参加者主体」の研修で深い学びと実践力を育てる 中村文子［ダイナミックヒューマンキャピタル株式会社代表取締役］ ●論考 学びの文脈から見たこれからの授業づくりと研修課題　江間史明 ●事例 国語　読み深める授業づくりを目指して　愛知県小牧市立大城小学校／石井順治 社会　教科の本質たる「見方・考え方」を教科内容研究によって見いだし、働かせる　山形大学附属中学校／江間史明 外国語　学級経営力をつけるための校内研修と実践―学級担任による外国語活動を通して　大阪府東大阪市立上四条小学校／菅　正隆 道徳　思いやる心とたくましさを育てる道徳教育―自己を見つめ、他者との関わりを深める指導の工夫　岩手県盛岡市立河北小学校／毛内嘉威 カリキュラム・マネジメント　地域と共に持続可能な「本郷学園構想」の実現へ　山口県岩国市立本郷小・中学校／村川雅弘 ●論考 学習指導の改善につなげる評価の視点と研修―パフォーマンス評価をどう活かすか　西岡加名恵 ●提言 アクティブな研修から生み出す教師力　村川雅弘	●インタビュー 「重要思考」と「発想力、決める力、生きる力」が学びを変える 三谷宏治［KIT虎ノ門大学院教授］ ●論考 「主体的・対話的で深い学び」に必要な学習ツールの活用―子供たちの思考力・判断力・表現力を活性化する方法　田中博之 ●事例 「思考ツール」で道徳の授業をアクティブに　東京都新宿区立落合第二小学校 思考ツールと表現ツールで子供の学びを可視化　愛知県尾張旭市立旭中学校 ●参考 使える思考法２選　編集部 ●提言 思考ツールの活用から判断力・表現力の育成につなげる工夫 三田大樹
Vol.6　先進事例にみるこれからの授業づくり―「見方・考え方」を踏まえた単元・指導案	Vol.8　気にしたい子供への指導と支援―外国につながる子・障害のある子・不登校の子の心をひらく
●論考 「見方・考え方」を働かせた授業づくりとは―小学校社会科を例に 　澤井陽介 新課程を生かす単元づくり・授業づくりの実際　弥延浩史 ●事例 国語　国語科における見方・考え方を働かせた授業づくり　高知県四万十市立中村中学校 理科　理科の見方・考え方を生かす授業展開―「振り子の運動」の単元導入　福岡市立香椎小学校 数学　数学の「見方・考え方」を育てる単元づくり・授業づくり　鳴門教育大学附属中学校 幼小中一貫教育　多様性社会の中で生きて働く力を育む―「躍動する感性」「レジリエンス」「横断的な知識」の基礎となる資質・能力の育成　広島大学附属三原学校園	●総説 特別な配慮を必要とする児童生徒を取り巻く状況と取組課題 嶋﨑政男 ●論考 子供への声かけに自信がもてるカウンセリング感覚　柳沼良太 インクルーシブな学級経営の実現のために　赤坂真二 配慮が必要な児童生徒の保護者・家庭支援―保護者の気持ちにより添う「チーム学校」による家庭支援の在り方　太田洋子 ●事例 外国にルーツをもつ児童生徒への日本語指導―夢をもち、将来の日本を支える児童生徒の育成　村瀬英昭 障害のある子へのアプローチ　磯山才子 不登校の子へのアプローチ―学級担任としてのかかわり　一色　翼

Vol.9　特別活動のアクティブ・ラーニング	Vol.11　総合的な学習のこれからを考える
●論 考 新学習指導要領のねらいとこれからの特別活動　有村久春 特別活動における「主体的・対話的で深い学び」の推進とは　白松　賢 ●事 例 学級活動から始める学校行事の充実　松井香奈 「主体的・対話的で深い学び」を実現する生徒会活動　青木由美子 「主体的・対話的で深い学び」は文化祭にあり　鈴木公美 ●論 考 ポートフォリオでつなぐ特別活動のカリキュラム・マネジメント　京免徹雄	●論 考 「探究する学び」が未来を創る―「総合的な学習の時間」の未来予想図　田村　学 行動し未来を創る総合的学習　朝倉　淳 2030年のコミュニティと「総合学習」の可能性　佐藤晴雄 総合的な学習の時間を核とした未来志向の安全防災教育　村川雅弘 ●事 例 防災　レジリエンスな持続可能な地域づくりのための「逃げ地図」活用の防災教育　木下　勇／寺田光成 グローバル　総合的な学習の時間でグローバルな社会を生き抜くためのセンスを磨く　三田大樹 ICT「チャットボット」を用いて、自分たちのまちの魅力を発信しよう　米谷誠介 ●提 言 教育課程上における総合的な学習の独自な貢献の可能性　奈須正裕
Vol.10　新課程の学校経営計画はこうつくる	Vol.12　次代を見据えた学校教育の論点
●巻頭論文 新教育課程とこれからの学校経営計画―学習指導要領総則は「学校経営の地図」　天笠　茂 ●実 践 学校教育目標　学校教育目標と学校経営計画の再設計　大野裕己 教育課程編成　教育課程の基本方針を学校経営計画に示す　寺崎千秋 カリキュラム・マネジメント　カリキュラム・マネジメントを実現する「学校経営計画」の工夫　浅野良一 学習指導　主体的・対話的で深い学びの視点からの授業改善の推進―学校経営と授業改善をつなぐ　高橋正尚 学習評価　学習評価を充実させるために　喜名朝博 外国語・外国語活動　推進の鍵は校長の積極的なリーダーシップ！　長門直子 道徳教育　「考え、議論する道徳」の実現―学習像の共通理解と継続的・組織的な取組　青木晃司 生徒指導　生徒指導計画作成の視点　嶋﨑政男 特別支援教育　学校における特別支援教育―インクルーシブ教育を支える連携体制を整える　沓掛英明	●論 考 これからの学校づくりに求められる校長の構想力―希望と志を育む学校　大脇康弘 SDGsは教育を変えるか　渡辺敦司 「令和時代のスタンダードとしての1人1台端末環境」のもたらすパラダイムシフト　堀田龍也 学習する学校の創造　新井郁男 改正・給特法と学校の働き方改革　小川正人

Vol.1　新学習指導要領全面実施までのロードマップ

●インタビュー
笑いで想像力を育む─絵本の道を求めて
保科琢音［絵本作家］

●解説
全面実施までにすべき管理職の仕事─「変わるもの」と「変わらぬもの」の見極め　向山行雄
学校経営計画の構成と実践─質の向上と実現性を高めるポイント
浅野良一
移行期のカリキュラム・マネジメントにどう着手するか　村川雅弘

●事例
新学習指導要領全面実施に向けた教育課程編成と管理職の役割
──いかにして、コンピテンシー・ベースの教育課程編成にするか　加藤英也

●提言
学校は「楽校」─「学校経営計画」作成に向けて　岩瀬正司

Vol.3　Q&A 新教育課程を創る管理職の条件

●インタビュー
アサーションで変わる人と職場─自分も相手も大事にするコミュニケーションを
平木典子　［IPI 統合的心理療法研究所顧問］

●論考
学校を取り巻く諸課題とこれからの学校経営のあり方　主税保徳

●Q & A
Q1 学校経営：新学習指導要領が求める学校経営課題と経営戦略とは。　大橋　明
Q2 組織マネジメント：チーム学校をどう創り上げて機能させるか。　齊藤　純
Q3 教育課程：カリキュラム・マネジメントのPDCAに管理職はどう関わるか。　濱本かよみ
Q4 危機管理：学校の危機的状況にどのように組織的に対処すべきか。　鳥羽和穀
Q5 家庭・地域との連携：信頼関係構築のために、「社会に開かれた教育課程」をどう活用するか。　森　保之
Q6 管理職のあり方・生き方：これからの教育のあり方と、管理職が身に付けるべき資質能力は。　主税保徳
Q7 特別支援教育：「差別解消法」をどのように具体化するか。　美谷島正義
Q8 幼小中連携：幼小中連携を積極的に推進するための条件とは。　石井信孝

Vol.2　「社会に開かれた教育課程」のマネジメント

●インタビュー
田舎の価値をブランドに変える仕掛人─開かれた関係性でコト起こしを
松﨑了三［田舎まるごと販売研究家・高知工科大学地域連携機構特任教授］

●解説
「社会に開かれた教育課程」の成立条件とは　佐藤晴雄
「社会に開かれた教育課程」を実現するカリキュラム開発のPDCA　四ヶ所清隆
「社会に開かれた教育課程」づくりにおけるリーダーの役割
寺崎千秋

●提言
カリキュラムへの“地域社会の参画度”を問う　竹原和泉

Vol.4　スクールリーダーのあり方・生き方

●インタビュー
激変の時代を生き抜くリーダーの条件─いま求められる五つの力
井上和幸［株式会社経営者JP代表取締役社長・CEO］

●論考
スポーツにみるリーダーの諸相　小林　至［江戸川大学教授］
組織のモチベーションを上げるリーダーシップ　菊入みゆき
［株式会社JTBコミュニケーションデザイン　ワーク・モチベーション研究所長］
危機管理の考え方・取り組み方とリーダーシップ　伊藤哲朗
［東京大学生産技術研究所客員教授・元内閣危機管理監］
経営学からみたリーダーシップ開発　大嶋淳俊［いわき明星大学教授］

●提言
次代を創る三つのコンピテンシー　有村久春［東京聖栄大学教授］

Vol.5　若手が育つ学校～学校の人材開発～	Vol.7　シリーズ・授業を変える2―「問い」を起点にした授業づくり
●インタビュー 農業の明日は若い担い手の育成から 青山浩子［農業ジャーナリスト］ ●論考 若手の増加による新たな学校経営課題　大脇康弘 若手のモチベーションを高める上司力―コーチングの視点から 片山紀子 若手が育つ効果的な校内研修のために―授業力向上の視点から 池田　守 ●提言 〈若手の主張～私たちがリーダーに望むこと～〉 もっと学びを！――「見せて」「聞かせて」「させて」　浦部文成 三つの提案　中舘一穂 ●事例 川崎市立川崎小学校の人材育成　川崎市立川崎小学校 「メンター制研修」を中核に同僚性を生かした若手育成を推進 　滋賀県大津市立瀬田北中学校	●インタビュー 実用とユーモア、"二刀流"で発明の世界を拓く 高橋宏三［発明家］ ●論考 教育哲学の視点から「問うこと」の意味を考える―問いを起点にした授業づくりに求められるもの　池田全之 「主体的・対話的で深い学び」をどう実現するか？―「本質的な問い」とパフォーマンス課題で「見方・考え方」を育てる　西岡加名恵 教科の本質を踏まえた「問い」をどのように生み出すか　江間史明 ●事例 「問い」は生きている―授業実践を通して見えてくること　お茶の水女子大学附属小学校 他と豊かに関わり、「問い」をもち続ける生徒の育成―生徒に必要感と達成感をもたせる授業デザインを通して　秋田県横手市立増田中学校
Vol.6　シリーズ・授業を変える1―今求められる授業の基礎技術	Vol.8　シリーズ・授業を変える3―子供の学びをみとる評価
●インタビュー 「自分らしさ」が創作の原点 小倉　良［作曲家・音楽プロデューサー］ ●論考 新教育課程を支える授業技術　小島　宏 「主体的・対話的で深い学び」を創る教師の話し方・聴き方 石井順治 子供の学びを生かす板書とノート指導のあり方　畠山明大 授業づくりの土台としての学級経営　赤坂真二 ●事例 "鍛ほめ"授業で指導力の向上を図る　福岡県教育委員会福岡教育事務所	●インタビュー ユニバーサルデザインの発想でどの子にもひびく支援を 小栗正幸　［特別支援教育ネット代表］ ●論考 新教育課程の趣旨を生かした今後の学習評価　佐藤　真 「主体的に学習に取り組む態度」の評価とはどのようなものか 　林　尚示 新教育課程を生かす評価のあり方　石井英真 客観的・効率的で確かな評価活動―国民の信頼に応える通知表　向山行雄 ●提言 学校における学習評価の工夫・改善への支援　大橋　明

◆『リーダーズ・ライブラリ』特集総覧

Vol.9　子供の危機管理～いじめ・不登校・虐待・暴力にどう向き合うか～	Vol.11　インクルーシブ教育とユニバーサルデザイン
●インタビュー 心を揺さぶるカウンセリングでネット社会の闇から子どもを救う 安川雅史 [全国webカウンセリング協議会理事長] ●論 考 いじめ防止と事後対応の今　八並光俊 元不登校「引きこもり」から考える不登校への新たな取組と課題─民間相談員の体験的提言　富田富士也 児童虐待に学校はどう向き合うか　加藤尚子 対教師暴力への対応　森谷長功 ●提 言 ユニバーサルデザインとしての特別支援教育を生かした指導を　小栗正幸	●論 考 ユニバーサルデザインを生かす指導と支援　安藤正紀 ユニバーサルデザインに基づく授業づくり──人の支援からみんなの支援へ　野口信介 ●事 例 「すべての子」への指導と支援をめざし、きめ細かな施策を展開　高知県教育委員会特別支援教育課 ●提 言 インクルーシブ教育システム構築のための特別支援教育の推進─小中学校でのユニバーサルデザインの推進　納富恵子
Vol.10　教師の働き方とメンタル・マネジメント	Vol.12　新教育課程に向けたチェック＆アクション
●インタビュー 一人一人が輝けるストレスフリーの働き方を 上田　基 [(株)トップエンドレス代表取締役] ●論 考 教職の誇りと手応えを持てる学校へ─働き方改革の動向と課題　佐古秀一 機能的側面と共同体的側面を統合するマネジメント　浅野良一 いま、先生のメンタルは大丈夫か？　有村久春 今日からできるストレスマネジメント法　清水隆司	●巻頭言 学習指導要領の全面実施に向けた学校経営の課題と展望　天笠茂 ●論 考 わが校の教育課程をどう描くか─全面実施に向けたカリキュラムづくり　寺崎千秋 新教育課程に向けた授業改善─「主体的・対話的で深い学び」を実現する授業デザイン　黒上晴夫 新学習指導要領の下での学習評価改革のあり方　石井英真 特別な配慮を必要とする児童生徒への組織的対応　嶋﨑政男 チーム学校の視点と家庭・地域をコーディネートする学校の役割　玉井康之 教科としての道徳科の実践上の課題と評価　林　泰成 外国語指導の実践上の課題とスクールリーダーの役割─待ったなし！大きく変わる英語教育　菅　正隆

『新教育課程ライブラリ』特集総覧 　平成28（2016）年1月〜12月

Vol.1　新教育課程型授業を考える

- ●新教育課程がめざすアクティブ・ラーニングとは　田村　学
- ●思考をアクティブにする授業とは　齊藤一弥
- ●プロジェクト・ベース学習（PBL）とこれからの学習づくり　上杉賢士
- ●アクティブ・ラーニングの指導案はこうつくる　藤村裕一
- ●子どもたちが自分たちで創り上げていく授業　池田　守
- ■子ども主体の授業づくりで学力向上を実現　高知県越知町立越知小学校・越知中学校、越知町教育委員会
- ■21世紀グローバル社会に必要な豊かに学び合う力の育成—アクティブ・ラーニングの能力育成と活用するカリキュラムの開発　横浜市立白幡小学校
- ■「課題達成学習」で学び続ける子どもを育成　福岡県春日市立春日東中学校
- ■アクティブ・ラーニング型授業が学校を変える　横浜市立南高等学校附属中学校
- ●アクティブ・ラーニング型授業の始め方・学び方　小林昭文

Vol.2　学校現場で考える「育成すべき資質・能力」

- ●新課程が目指す「育成すべき資質・能力」—「生きる力」「人間力」、そしてこれからの教育観・指導観とは　市川伸一
- ●資質・能力を学校現場でどう捉え実践するか　村川雅弘
- ●思考力・判断力・表現力の育成と評価　角屋重樹
- ●広島県における「学びの変革」に向けたチャレンジについて　広島県教育委員会学びの変革推進課
- ●「総合」の実践から考える資質・能力の育成　嶋野道弘
- ■独自の教科「読解科」を軸として、教育課程全体で「読解力」育成を目指す　京都市立御所南小学校
- ■学校教育目標実現のために、チーム学校で育む「生徒に育成したい資質・能力」　横浜国立大学教育人間科学部附属鎌倉中学校
- ■「社会人基礎力の育成」を目指す授業モデルの開発—「教え」から「学び」へ　高知県本山町立嶺北中学校
- ■研究・新潟県上越市立大手町小学校—資質・能力を育成する教育課程開発

Vol.3　子どもの姿が見える評価の手法

- ●これまでの議論に見るこれからの評価のあり方　無藤　隆
- ●資質・能力をみとる評価活動のあり方　佐藤　真
- ●アクティブな学びと評価の視点—シンキングツールと評価　黒上晴夫
- ●パフォーマンス評価の考えと実際　石井英真
- ●新教育課程に生かす様々な評価方法　根津朋実
- ●指導と評価の一体化を進める視点と実際の取り組み方　香田健治
- ■ルーブリックとパフォーマンス評価　兵庫県佐用町立佐用小学校
- ■タブレット端末を活用して学習の内実を評価する　佐賀大学文化教育学部附属小学校
- ■パフォーマンス評価を生かした授業の実際と評価—外国語の授業を通して　京都市立京都御池中学校
- ●カリキュラム・マネジメントとして取り組む評価への転換　髙木展郎

Vol.4　新教育課程を生かす管理職のリーダーシップ

- ●新教育課程に向けた管理職のリーダーシップ—教育資源・教育内容の構造化と共有化に向けて　天笠　茂
- ●「チーム学校」を踏まえたこれからの組織マネジメント—関係者総活躍学校に向けて　浅野良一
- ●「社会に開かれた教育課程」の開発とカリキュラム・マネジメント　吉冨芳正
- ●新課程を見据えた学校改善のポイント　石野正彦
- ●小中一貫教育と管理職の経営課題　二宮肇美
- ●学校と地域の新たな関係をめぐる管理職の役割　佐藤晴雄
- ■主体的・協働的な学びをめざす授業改革　安岡幸子
- ■わが校の特色を生かすカリキュラム・マネジメント　佐々木隆良
- ●リーダーは「決断力」で課題解決を　角田　明

◆『新教育課程ライブラリ』特集総覧

Vol.5　学校ぐるみで取り組むカリキュラム・マネジメント

● 今、なぜカリキュラムマネジメントが求められるのか　中留武昭
● カリキュラムマネジメントのポイントと組織体制　田村知子
● 教師の力量形成を図るカリキュラム・マネジメント　赤沢早人
● 学校と保護者・地域をつなぐカリキュラム・マネジメント　倉本哲男
● 次世代に求められる資質・能力を育てるカリキュラム・マネジメント　野口徹
■ カリキュラム管理室をベースに未来に生かす「創時力」を育成　千葉県館山市立北条小学校
■ カリキュラム・マネジメントの実践と校長の役割　広島県福山市立常金中学校
■ 特色ある学校づくりを推進する上越カリキュラム開発　新潟県上越市教育委員会
○ 実践・カリキュラムマネジメント講座

Vol.6　「チーム学校」によるこれからの学校経営

● 「チーム学校」が求めるこれからの学校経営　藤原文雄
● 専門性に基づくチーム体制の構築―「チーム学校」における学校・教師の役割　藤田武志
● 学校のマネジメント体制の強化　牛渡淳
● 教職員一人ひとりが力を発揮できる環境の整備　北神正行
■ スクールソーシャルワーカーの仕事と校内体制　横井葉子
■ 学校経営に参画する事務職員　愛知県豊橋市教育委員会
■ 民間委託による部活動の活性化　大阪市教育委員会
■ サポートスタッフによる教育活動の充実　長野県信濃町教育委員会
■ 明確な課題設定や具体策で組織が機能する学校を目指す　東京都調布市立第五中学校
■ 主幹教諭の在り方など学校組織運営体制の充実方策　徳島県教育委員会
● 「チーム学校」による新たなマネジメント・モデルの構築　久我直人

Vol.7　これからの授業力と評価

● いま、教員に求められる資質・能力と研修　村川雅弘
● これからの授業力とは何か　江間史明
● アクティブ・ラーニングを実現する協調学習―知識構成型ジグソー法を使った授業づくり　飯窪真也
● 資質・能力の育成と総合的な学習の時間の見直し　田村学
● 新教科・道徳のカリキュラムづくり―道徳教育の要としての役割が果たせるようにする　押谷由夫
● 発達段階に応じた外国語の授業づくり―アクティブ・ラーニングの視点を生かした実践例　直山木綿子
● 資質・能力の育成と学習環境――一人ひとりの学びを保障する手立て　角屋重樹
■ 知識構成型ジグソー法を活用した「学び合い」の授業　和歌山県湯浅町立湯浅小学校
■ 協調学習で生徒の能動的な学びを支援　埼玉県戸田市立笹目中学校
■ 主体的に地域と関わる総合的な学習の時間の具体化に向けて　青森県今別町立今別中学校
■ 新教科・道徳によるカリキュラム・マネジメント　東京都北区立飛鳥中学校
■ 〈ABK学習室〉をシンボルスペースにした「枠」を拡げる学びのデザイン　川崎市立東菅小学校
● 「子どもを見る目」で授業力を磨く　横須賀薫

Vol.8　特別支援教育の実践課題

● 共生社会の実現に向けた特別支援教育の新展開　柘植雅義
● これまでの議論に見る特別支援教育の改善・充実の方向性　野口和人
● 特別支援教育における教員の資質・能力の育成とは　澤田真弓
● 一人ひとりの学びを保障する「合理的配慮」の在り方　樋口一宗
● 個を生かした教育課程編成の在り方　河合康
■ 連続性のある「多様な学びの場」に向けた支援体制の充実　長野県岡谷市立岡谷田中小学校
■ 「特別支援教室」を生かした指導と支援　横浜市教育委員会
■ 障害のある子どもとその保護者に対する就学支援の実際　真鍋健
■ 高等学校内に設置された特別支援学校分校の取組　福島県立いわき養護学校くぼた校・福島県立勿来高等学校
■ インクルーシブ教育に向けての特別支援学校の取組と課題　岐阜県教育委員会

Vol.9　カリキュラムからみる不登校対応

- ●これからの不登校対応の在り方　高野敬三
- ●児童生徒理解とアセスメント　野田正人
- ●学校の教育相談活動と教育支援センターの役割機能　有村久春
- ●学校における不登校対応の新たな視点と方策―教育課程の編成・実施に向けて　美谷島正義
- ■公立小・中学校における今後の不登校対策　東京都教育委員会
- ■子どもとのふれあいで不登校減少を図る「山鹿方式」　熊本県山鹿市教育委員会
- ■人間関係プログラム（「こころ♡ほっとタイム」）の実践から　島根県松江市立第一中学校
- ■「つながる」カリキュラムで学びの場をつくる　京都市立洛友中学校
- ■中間教室「わたげ」の取組み　長野県辰野町教育委員会

Vol.10　全国学力・学習状況調査にみるこれからの課題

- ●平成28年度全国学力・学習状況調査の結果を踏まえた新教育課程実施上の課題　千々布敏弥
- ●小学・国語　学びの文脈を創る国語科授業の推進―活用力を高めるメタ認知の重視　樺山敏郎
- ●中学・国語　言語活動を通して、知識・技能を使い、思考・判断・表現する授業の一層の充実を　冨山哲也
- ●小学・算数　式の表現と読みの課題から展望する指導の改善・充実　礒部年晃
- ●中学・数学　数学的な見方や考え方を働かせる数学的活動の充実を　清水美憲
- ●小学・質問紙　何を学び、どう生かすか　寺崎千秋
- ●中学・質問紙　質問紙調査を活用し、学習指導と学習環境の改善・充実を図る　壷内明
- ●子どもたちに育みたい資質・能力とは　梶田叡一

Vol.11　「社会に開かれた教育課程」を考える

- ●「社会に開かれた教育課程」の意義と条件　吉冨芳正
- ●地域とかかわり学びの場を広げる教育課程の開発　明石要一
- ●「社会に開かれた教育課程」における学習活動　村川雅弘
- ●「社会に開かれた教育課程」と求める人間像とは　無藤隆
- ●学校における「社会に開かれた教育課程」の開発課題　小島宏
- ●カリキュラム論からみる「社会に開かれた教育課程」　安彦忠彦
- ■十河の香りを育み、未来を拓き社会に出る教育　香川県高松市立十河小学校
- ■地域・社会との協働を目指した学校経営―「玉中総合教育会議」を通して　熊本県玉名市立玉名中学校
- ■「社会に開かれた教育課程」の実現に通じるカリキュラム―20年の歳月を経た教科「未来総合科」の成果　鎌田明美
- ■子どもの姿で教育復興を目指す「ふるさと創造学」　福島県富岡町立富岡第一小学校・富岡第二小学校

Vol.12　見えてきた新学習指導要領―各教科等の検討内容

- ●これからの学習指導の在り方・取組み方―学習の内容と方法の両方を重視する　天笠茂
- ●国語〈小〉言葉による見方・考え方を働かせ、学びの過程の質の向上を図る　樺山敏郎
- ●国語〈中〉言語能力を育成する国語の授業　髙木展郎
- ●社会〈小〉社会を理解する道具としての「見方・考え方」　北俊夫
- ●社会〈中〉中学校社会科における「資質・能力の育成」と「深い学び」　江間史明
- ●算数〈小〉算数の教科指導の価値を資質・能力から問い直す　齊藤一弥
- ●数学〈中〉数学的活動の充実に向けた次の一歩　永田潤一郎
- ●理科〈小〉「理科の見方・考え方」の捉え方と授業改善の課題　小林辰至
- ●理科〈中〉これからの中学校の理科教育　角屋重樹
- ●生活〈小〉スタートカリキュラムの実現を目指すこれからの生活科　木村吉彦
- ●音楽〈小〉「音楽を教え、学ぶ意味」を問い直す新学習指導要領　宮下俊也
- ●音楽〈中〉よりよい人生、よりよい社会を創造するために音楽科が求めるもの　宮下俊也
- ●図画工作〈小〉整理された「知識・技能」と具体化した「見方・考え方」　奥村高明
- ●美術〈中〉自分との関わりを大切にした美術の表現や鑑賞　永関和雄
- ●家庭〈小〉「主体的・対話的で深い学び」を家庭科で実現するために　杉山久仁子
- ●技術・家庭（技術分野）〈中〉生活や社会の中から問題を見出し、課題を解決する力　古川稔
- ●技術・家庭（家庭分野）〈中〉目標や「見方・考え方」に見る家庭分野の改善の方向性　岡陽子
- ●体育〈小〉『わかる・できる・かかわる』のバランスのとれた体育学習を目指して　菅原健次
- ●保健体育〈中〉資質・能力の育成を目指す保健体育科の授業改善に向けて　今関豊一
- ●外国語活動・外国語〈小〉大きく変わる小学校外国語活動・外国語のポイント　菅正隆
- ●外国語〈中〉内容の充実が求められる中学校外国語　菅正隆
- ●道徳〈小〉考え、議論する新しい道徳教育への転換　林泰成
- ●道徳〈中〉「問い」に向き合う「考え、議論する道徳」への転換　関根明伸
- ●総合的な学習の時間〈小・中〉探究的な見方・考え方を働かせ、自己の生き方を考える総合的な学習の時間　佐藤真
- ●特別活動〈小〉"子供の活動に学ぶ"特別活動の展開　有村久春
- ●特別活動〈中〉指導内容を整理し、学級経営やキャリア教育との関係が明確に　三好仁司
- ●特別支援教育〈小・中〉インクルーシブ教育システムの構築を目指して　砥柄敬三

『新教育課程ライブラリⅡ』特集総覧

Vol.1　中教審答申を読む（1）―改訂の基本的方向

- ●今こそ求められる学びのパラダイム転換　梶田叡一
- ●中教審答申が描く学び続ける子どもと教師の姿　無藤隆
- ●「社会に開かれた教育課程」とカリキュラム・マネジメント　天笠茂
- ●教科等と実社会とのつながりを生かす資質・能力の育成―「何ができるようになるか」　村川雅弘
- ●各学校種を通した教育課程編成の在り方―「何を学ぶか」　田中庸恵
- ●「主体的・対話的で深い学び」と各教科等における「見方・考え方」―「どのように学ぶか」　奈須正裕
- ●子どもの学びをみとる評価とこれからの学習活動の在り方―「何が身に付いたか」　西岡加名恵
- ●次期学習指導要領実施に向けた組織運営上の課題と方策―「実施するために何が必要か」　小島宏
- ●幼児教育の改訂ポイント　神長美津子
- ●小学校の改訂ポイント　寺崎千秋
- ●中学校の改訂ポイント　壷内明
- ●特別支援学校の改訂ポイント　砥柄敬三
- ●高等学校の改訂ポイント　荒瀬克己

〔第2特集〕プログラミング教育にどう取り組むか
- ●プログラミング教育とは何か　堀田龍也
- ■学校におけるプログラミング教育の取組み―子どもが夢中になるビジュアル言語を活かした実践　東京都小金井市立前原小学校
- ■中学校におけるプログラミング教育の取組み―問題解決の手順を考えさせる工夫　神奈川県厚木市立荻野中学校
- ■国語科における「プログラミング教育」の活用　横浜市立白幡小学校

Vol.2　中教審答申を読む（2）―学校現場はどう変わるか

- ●教育目標の設定と構造化―学校として育成すべき資質・能力とは　石井英真
- ●子供を育てる年間指導計画―「社会に開かれた教育課程」の具現化　野口徹
- ●「主体的・対話的で深い学び」を構想する教材研究　藤本勇二
- ●「主体的・対話的で深い学び」を促す教育評価　赤沢早人
- ●新教育課程に生かす地域との協働　大山賢一
- ●子供の自立と小中の接続　小松郁夫
- ■資質・能力ベースの教育課程開発とこれからの学校づくり・授業づくり　新潟県上越市立大手町小学校
- ■習得・活用・構成の授業で汎用的能力を育成―授業づくりを支える「教師の秘伝」　川崎市立川崎小学校

Vol.3　「深い学び」を深く考える

- ●「深い学び」の捉え方　奈須正裕
- ●「深い学び」を実現する授業改善　澤井陽介
- ●有意味受容学習で「深い学び」を実現する　田中俊也
- ●経験に開かれた学び―算数の指導を通して　齊藤一弥
- ●「教えて考えさせる授業」でめざす深い習得学習　市川伸一
- ●学習パラダイムへの転換と「深い学び」―個性的な学力を目指して　溝上慎一
- ■「ことば」で個と協働の学びを深める―「個」が育つ教育経営　富山市立堀川小学校
- ■「深い学び」を引き出すカリキュラムデザイン―探究的な学習活動の充実　岡山大学教育学部附属中学校

Vol.4　三つの資質・能力から考えるこれからの学校経営

- ●新学習指導要領と目指すべき子ども像　牛渡淳
- ●資質・能力の育成とこれからの学校経営課題　露口健司
- ●「知識・技能」の習得を実現する教育活動の展開　小島宏
- ●「思考力・判断力・表現力」の育成を目指す教育活動　向山行雄
- ●「学びに向かう力・人間性」を育む教育活動　岩瀬正司
- ●資質・能力の育成を実現するカリキュラム・マネジメントの実際　田村知子
- ●資質・能力の育成に生かす学校評価　木岡一明
- ●資質・能力の育成とスクールリーダーの役割　末松裕基

Vol.5 総則から読み取る学びの潮流	Vol.7 すべての子どもを生かす特別支援教育
●新教育課程は全教職員で取り組む教育改革 大橋 明 ●社会の変化を踏まえた次代の育成を 榎本智司 ●資質・能力の育成を映し出す教育課程編成 吉新一之 ●新学習指導要領総則から、これからの授業づくりについて考える 池田 守 ●子供の発達を保障する指導と支援 八代史子 ●新教育課程編成に向けた学校経営課題 加藤英也 ●地域・外部の資源を生かしたカリキュラム・マネジメント 田代和正 ●道徳教育はどう変わるか―「生きて働く道徳性」を養う道徳科の授業 丸山睦子	●指導要領改訂にみるこれからの特別支援教育 柘植雅義 ●インクルーシブ教育時代の特別支援教育 安藤壽子 ●教育の根本を表象化した個別の指導計画―実践研究を通してみえた効果と課題 海津亜希子 ●「チーム学校」による特別支援教育と「社会に開かれた教育課程」 高木一江 ●特別支援教育におけるカリキュラム・マネジメント 小林倫代 ●「主体的・対話的で深い学び」を引き出す学習支援の在り方 下村 治 ●特別支援学級の子どもたちの「交流及び共同学習」を見つめて―NHK ETV 特集『"いるんだよ"って伝えたい』取材現場から 西澤道子
Vol.6 新学習指導要領で学校の日常が変わる	Vol.8 実践・これからの道徳と外国語教育
●資質・能力ベースの学校文化づくり 寺崎千秋 ●「特活」からみる学びの土台づくり 有村久春 ●問いを生み、課題解決を誘う対話のある活動 松田素行 ●「知の総合化」の視点で、自ら育つ生徒と教師 三橋和博 ●教師のカリキュラム・マネジメントで子どもが変わる！ 石堂 裕 ■つながりの日常化でつくる「社会に開かれた教育課程」 横浜市立東山田中学校区学校支援地域本部	●解説から読む「特別の教科 道徳」の実践課題と授業構想 毛内嘉威 ●「考え、議論する」道徳科授業づくりのポイント 林 泰成 ●「特別の教科」時代の道徳授業をつくる 永田繁雄 ●これからの外国語活動・外国語を円滑に実施するために 菅 正隆 ●新小学校学習指導要領における外国語教育を通して身に付けさせたい資質・能力 直山木綿子 ●カリキュラム・マネジメントを通じた小学校外国語教育の改善と充実 池田勝久 ■道徳科の趣旨を踏まえた指導方法の在り方に関する実践研究 高知県津野町立葉山小学校 ■伝え合い・わかり合いで生きて働くコミュニケーション能力を育成 福岡県糸島市立波多江小学校

◆『新教育課程ライブラリⅡ』特集総覧

Vol.9　移行措置期の学校づくりを考える	Vol.11　誌上セミナー「新しい学びを起こす授業」
●移行措置期における学校づくりの条件　天笠　茂 ●学校のグランドデザインと学校教育目標の見直し　髙階玲治 ●カリキュラム・マネジメントの「第一歩」　赤沢早人 ●「社会に開かれた教育課程」に向かう学校づくり　玉井康之 ●「主体的・対話的で深い学び」まずはここから　赤坂真二 ●「見方・考え方」の理解とこれからの教科等の学びの在り方　齊藤一弥	●「主体的・対話的で深い学び」とカリキュラム・マネジメント　村川雅弘 ■笑顔を広げるボランティア部の活動―地域に求められるボランティア活動を通して　春日市立春日東中学校ボランティア部 ■市民性を育む「谷っ子ふるさとカリキュラム」の推進　井上文美 ■地域連携カリキュラムのマネジメント／その提言　水上雅義 ■「教師の秘伝」に基づいた深い学びの追究　吉新一之 ●トークセッション「資質・能力の育成とこれからの教育課程」　平石信敏・古澤裕二・吉新一之・[司会]伊藤文一 ●教育課程を介して地域とつながる学校へ―コミュニティ・スクールの要「地域連携カリキュラム」　山本直俊 ●新教育課程を生かす授業づくりと学習評価　佐藤　真 ●今、コミュニティ・スクールが求められる背景と今後の課題　高橋　興
Vol.10　子どもの成長をつなぐ保幼小連携	Vol.12　事例集・新課程を先取りする実践先進校レポート
●「保幼小連携」育ち合うコミュニティづくり　秋田喜代美 ●幼児教育と小学校教育の「接続」の充実　神長美津子 ●発達と学びの連続性を踏まえた「保幼小連携」の在り方　松嵜洋子 ●地域の中で子どもを育むということ―幼児期から学童期の育ちをつなぐ　矢島毅昌 ●生活科を軸とした「スタートカリキュラム」の展開　木村吉彦 ●スタートカリキュラムの作成とカリキュラムマネジメント　八釼明美 ■障害のある幼児の学びをどう次のライフステージにつなげるか　真鍋　健 ■子どもの育ちをつなげるカリキュラム開発　仙台市立広瀬小学校 ■育ちと学びをつなぐ「茅野市幼保小連携教育」　帯川淳也 ●保育カウンセリング現場から見える乳幼児期の子どもたち　冨田久枝	■これからの北条プランにおける資質・能力＝「創時力」　千葉県館山市立北条小学校 ■他と関わりながら問題解決できる子どもの育成　岐阜聖徳大学附属小学校 ■指導と評価の共有化で資質・能力を育てる授業づくりを目指す　広島県福山市立城北中学校 ■「主体的な学び」の姿を求めた授業改善の取組　高知県安芸市立安芸第一小学校 ■「地域に開かれた教育課程」を具現する総合的な学習の時間及び学校評価を通したカリキュラムマネジメント　岐阜県関市立津保川中学校 ■「出南タイム」に支えられた道徳教育の推進　熊本市立出水南中学校 ■自分の思いをつたえよう！　もっと友達のことを知ろう！―心をつなぐ外国語活動のあゆみ―　大阪府千早赤阪村立千早小吹台小学校 ■自ら考え、ともに学びを高め合う子の育成―対話的な学びを通して―　石川県金沢市立兼六小学校 ■「学級総合」の取組と生活・総合コーディネーターを核とした授業研究　仙台市立広瀬小学校 ■組織力を生かした小中一貫教育―9年間のカリキュラム・マネジメントによる確かな学力保証に向けて―　静岡県沼津市立静浦小中一貫学校 ■主体的に学ぶ児童の育成に向けて―2つのカリキュラム・マネジメントを通して　広島県福山市立新市小学校 ■学校改善を通した学力向上へのチャレンジ！　福岡県宗像市立河東中学校

窓から望む夫神岳

長野県青木村立青木小学校長
小林秀樹

「今日はどんな景色と出会えるだろう」

ここは信州の鎌倉のお隣、美しい自然と人情に厚い人々、「日本一住みたい村」にも輝いた青木村にある小学校の校長室である。この部屋のドイツ製の大きな窓に映る絵画のような美しい青木の景色が私の一品である。

この校長室は校舎のセンターに陣取っている。それも昇降口に一番近く、来客が事務室と間違えてドアを開けて驚くこともある。機会ある度に、「校長室の敷居は低いので気軽にどうぞ」と言っていることもあり、保護者や地域の方、観光客の突然の訪問もある。まさに「おらが村」の校長室である。

まず、訪問者は、大きな窓の向こうに見える夫神岳、その麓の田畑の美しさと校庭の木々に思わず、「素晴らしい眺めですね」と口にする。校長室の住民としてはうれしい一言である。この配置と大きな窓は三十数年前の校舎改築時のねらいどおりだろう。

窓の外の絶景に、つい仕事の手を休めてしまうときがある。霊峰「夫神岳」は、「あおきっ子のために全身全霊で頑張っているか」と問いかけてくる。心を見透かされているような不思議な山である。

ここ青木村は「義民の里」としても知られている。「西に十観、東に夫神、北に子檀嶺聳え立つ山懐に抱かれて静かに上る湯煙は田沢、沓掛おらが里。青木の村の伝統は藩政時代の殿様を気骨頑固と歎かせた不屈不撓の土根性。元和偃武の昔から黒船浦賀に来る日まで、太平続く江戸の世に、百姓の魂が世を警めた一揆あり。その数あまたある中で信濃の国が日本一。その信濃では上田藩、上田藩では浦野組。百姓一揆と夕立は青木の山から来るものと里人語り伝えたり。時移れどもこの地には義民の志ありありと、今に続きて人々の誠に生きる道しるべ、太鼓とドラの音に託し、信濃の空に響かせん」これは義民太鼓の口上の一節である。人々の幸せを願い、自らの命を顧みず正義を貫いた先人たちへの思いが私の感性を震わせる。

四年生は、総合的な学習の時間で、この義民太鼓を学んでいる。子供たちは伝統ある太鼓に関わることで先人の強い意志と勇気を誇りに感じる瞬間でもある。

校庭で夫神岳を背景に太鼓を奏でる運動会での子供たちは地域の宝でもある。今日も義民の里で夫神岳に見守られ、元気に遊ぶ子供たちが校長室の大きな窓から見えている。

あの『にれ』の木の
ように

札幌市立常盤中学校長

木村佳子

　久しぶりに『にれ』40号を手に取ってみた。陽に当たり、背表紙の部分が色あせた『にれ』40号は、1994年2月の発刊である。表紙には、生徒が描いたにれの大樹が印刷されている。

　『にれ』は、札幌市中学校文化連盟と札幌市の国語科教員により編集・発刊されている文集である。毎年2月には各校に届けられ、今年度は66号が発刊される。札幌の中学校国語科教師が手塩にかけて守り育ててきた大切な文集だ。

　この『にれ』とは、2度の出会いがあった。1度目は生徒として。そして2度目は教師になってからだ。

　本を読むことが何よりも好きで、ちょっとした文学少女だった私は、中学生のとき、『にれ』に掲載されることを目標としていた。しかし、散文での掲載はついに叶わなかったのである。高等学校に進学したとき、『にれ』で名前を見知っていて、しかも「すごい！」と思っていた人たちが、自分の周りにいることに気付いた。顔よりも先に、名前で知っていたのである。

　「にれ賞」（『にれ』の最高賞）を受賞したSさんもそんな一人だ。彼女とは高校1年のクラスが同じになった。彼女は本当に優秀な人で、勉強もできたが、スポーツも万能だった。見目麗しく、聡明で、そし

て性格はおっとりとして、育ちの良さを感じさせる人だった。彼女の才能を目の当たりにして、自分は到底かなわないと心から思ったほどだ。そんな彼女は、在学中に早逝してしまったのである。彼女が存命であれば、作家として、あるいは何か別の職種であっても、大成したのではないか。彼女と時折一緒に帰った市電に揺られるとき、彼女の笑顔が今も思い出される。だから、彼女ほど才能のない私は、与えられた命を大切にして、彼女の分まで努力しなければと思ってきたのだ。

　大学卒業後、中学時代の夢がかない、中学校の国語の教師となることができた。そして、あの『にれ』に、今度は編集委員として関わることとなった。寄せられる作品を通して、数多くの出会いがあった。特に「にれ賞」の作品は、やはり素晴らしい。冒頭に紹介した40号は、記念特集として35号から39号の「にれ賞」受賞者の寄稿文が掲載されている。彼らの筆力は、さらに磨かれていた。『にれ』は、彼らにとっても一つの道標だったのだろう。

　「学び続ける人だけが、生徒の前に立てるのです」とは、尊敬する先輩の言葉だ。教員人生のゴールが見え始めている今、改めて自分を奮い立たせねばと思う。表紙に描かれる『にれ』の木のように、私もまた年を重ねたい。

学校教育・実践ライブラリ　Vol.12
次代を見据えた学校教育の論点

令和2年4月1日　第1刷発行

編集・発行　　株式会社 ぎょうせい

　　　　　　〒136-8575　東京都江東区新木場1-18-11
　　　　　　電話番号　編集　03-6892-6508
　　　　　　　　　　　営業　03-6892-6666
　　　　　　フリーコール　0120-953-431
　　　　　　URL　https://gyosei.jp

〈検印省略〉

印刷　ぎょうせいデジタル株式会社

ISBN978-4-324-10621-1 （3100541-01-012）〔略号：実践ライブラリ12〕